管理職のための新会計学

田中　弘

税務経理協会

読者へのメッセージ

「**管理職**」——ずいぶん，晴れがましい言葉です。

多くのサラリーマンは，まず，「ヒラ」からスタートしますが，部下を持つポスト，つまり，管理職になるために，精いっぱいがんばっています。

最初に「長」がつくのは，「**班長**」でしょうか「**係長**」でしょうか，それから，「**課長**」，「**次長**」，「**部長**」と出世して，時には「**所長**」とか「**支店長**」を経験して，その上は，しばらく「長」がつかないけれど「**重役**」と呼ばれるポストが待っています。

そうです，サラリーマンなら誰もがあこがれる，「**取締役**」，「**常務**」，「**専務**」です。この階段を上ることができたら，あとは最後の「長」であるポスト，つまり，「**社長**」のポストしか残っていません。

いま，「長」のつくポストにいるみなさん，いえ，誰でもいずれ「長」がつく管理職になります。これからの社内競争は，シビアですよ。競争の相手は，同期だけではありません。下にも上にも，ゴロゴロしています。ちょっと注意してみてください。あなたの隣の席に座っている同僚は，最近，定時に退社していませんか。向かいに座っている後輩も，ときどき飲み会を断っていないでしょうか。

もしかしたら，同期の彼は，夜の専門学校で簿記や会計を勉強して，何かの資格を取ろうとしているのかも知れません。後輩は，たぶん，英会話のスクールで「海外派遣」に備えているのでしょう。夜間大学院で修士号を取ろうとしている同僚もいそうです。あなたも，うかうかして

はいられませんね。

　部下のいない管理職というのもあります。新しく地方に営業拠点を設けるような場合には，現地で職員を採用するまで，本部から派遣された「所長」が一人でがんばることもあります。中小企業の経営者なら，部下（社員）は家族だけということも少なくありません。管理職というのは，部下がいるかどうかとは，本来，関係がありません。ここで「**管理**」するのは，部下ではなく，**経営**そのものなので，組織の大小に関係なく，部下の存在に関係なく，管理職があるのです。

　そうはいっても，管理職についた人の大部分には，部下が配属されます。

　初めて管理職として部下を前に話をしたときのことを覚えていますか。なにか教訓めいたことを話した人もいるでしょう。目標を示して，「檄（げき）」をとばした人もいると思います。でも，多くの人は，内心ではいろいろな心配があったのではないでしょうか。

　管理職のつらいところを4つ，紹介しましょう。

■■「知らない」では済まされない管理職

　管理職のつらいところは，まず第一に，部下のみなさんがあなたのことを，「何でも知っている」と思っていることです。

　「上司なんだから」，「管理職なんだから」，電話や接客のマナーはもちろん，返品・クレームの適切な処理，稟議書（りんぎしょ）の書き方，コンピュータの扱い，仕訳（しわけ）の仕方，伝票の切り方，決算書の作り方・読み方，何でも知っていると見られています。

　みなさんは，管理職として，何ができ，何を知っていますか。

　「何でもこい！」という，頼もしい方も多いでしょうが，「会計とか財務の話は苦手だ」という方のほうが断然多いと思います。特に，理科

系・技術系出身の人たちにとっては，会計の話はラテン語かギリシャ語を聞いているのと同じと感じているのではないでしょうか。でも，部下は，管理職にあるみなさんを，会計についても「エキスパート」だと見ているのです。管理職のみなさんは，何でもできないといけないのです。「それは知らない！」では済まされないのが，管理職のつらいところです。

■■「他人に聞けない」管理職

もう一つ，管理職のつらいところは，うかつに部下に聞けないことではないでしょうか。「課長は，何でも知っている」とか，「部長は何でも経験済み」と見られていますから，部下にはそのまま誤解していて欲しいところです。でもそうなると，うかつに部下に何かを尋ねることは難しくなります。

いくら経理課の経験がないからといって，部下に，「君，この青い伝票と赤い伝票はどう違うの？」とか，「借方とか貸方って何のこと？」とか聞けますか。ましてや，「○○君，わが社の資本金はどこの銀行に預けてあるのかね」などと聞こうものなら，間違いなく部下の信頼を失います。え，どうしてそんなことを聞いてはいけないのかですって。あなたこそ，この本を読む価値のある人です。

■■「武器が欲しい」管理職

「英文の手紙」が書けますか。コンピュータは自由自在に操れますか。取引先の財務諸表を読めますか。

管理職の人には，是非とも，なにか一つでもいいから「武器」を持ってもらいたいものです。あれもこれもは必要ありません。「この問題なら，経理課の○○課長に聞けばいい」とか，「総務の○○係長は，この道のエキスパート」といった評価ができれば，どこに配属されてもその

評価がついて回りますから，管理職として尊敬されます。

とはいっても，「カラオケなら何でも歌える」とか，「銀座のネオン街なら，目をつぶっていても歩ける」なんていうのでは，「武器」になりません。そんな武器は，終業後に英会話の学校に通っている秘書課のマドンナからもバカにされますし，日曜日の午後を「ジム」で汗を流している営業の新人からも，「化石以前」としてしか評価されません。

管理職になったら，自分の武器を持たなければなりません。本書を最後まで読んで，「**会計の専門知識**」を身につけてみませんか。明日から，胸を張って，経理課のドアを開けることができますし，重役会議に呼ばれても，会計知識を駆使して，話ができます。上司が驚く顔を想像してください。

■■「部下を叱れない」管理職

部下が何かミスを犯したとき，部下をちゃんと叱れますか。

叱るというのは，決して感情的に怒鳴ったり，こき下ろしたりすることではありません。叱るというのは，ミスを重ねないように，学習効果が上がるように，理由を説明して，自分がミスを犯したという事実を納得させ反省させることです。

管理職の仕事の中ではもっとも大切なことでありながら，人の和とか，部や課の雰囲気とかを考えると，叱るというのは難しいものです。

ましてや，意見が分かれるようなことで部下の非を責めるとなると，部下を納得させるだけの理屈を知っていないといけません。

たとえば，取引先に代金の取り立てに部下が行き，1,000万円の小切手を受け取って大事にカバンにしまったのですが，ウッカリ電車の網棚にカバンごと忘れてしまったとしましょう。あなたは，このとき，どう対処しますか。小切手は現金と同じで，それを銀行の窓口に持参すればすぐに換金できます。

すぐに電車を追いかけるべきでしょうか。車掌に電話するのが一番でしょうか，それとも，電車の会社に電話するべきでしょうか。もし，誰かがカバンを拾ったりしたら，大変です。警察に通報するのが先でしょうか。会社の上司には，すぐに連絡するべきでしょうか。

もし，こうした連絡を受けたとしたら，管理職のあなたは，どうしますか。部下を頭ごなしに叱りつけて，「バカモン，何ということをするんだ。」「悪い奴に拾われたらどうするんだ。弁償しろ！」などという上司もいるでしょう。

以上の答えは，すべてバツです。正解は，「取引銀行に電話して事情を話す」ことです。小切手は，まず間違いなく**「線引き」**されていて，銀行に持っていってもすぐには現金にできません。いったん，持参人の銀行口座に移してからでないと，現金には換えられないのです。そこで，小切手を紛失したり，盗難に遭ったりしたときは，銀行に連絡するだけで，小切手の支払いを止めることができるのです。

こうしたことを知っている管理職と知らない上司では，部下の評価だけではなく，上司の評価も変わるでしょう。

「**管理職**」というのは，みんなの理想，あこがれであり，自分の名刺に「**課長**」とか「**次長**」とかがつくと，何とはなく，取引先の応対も変わるような気がします。いえいえ，わが家に帰っても，「**家長**」といった気分になれるではないですか。

「**長**」がつくと，上からも下からも期待されます。いえ，注目されるのです。でも，本当の実力を持っていないと，管理職はつとまりません。

この本は，そうした悩み多き管理職のみなさんのために書かれた管理職の「**会計虎の巻**」です。会計の「ヘルプ・キー」だと思ってください。

もちろん，皆さんが，会計ではなく，経済の専門知識あるいはマーケティングの専門知識でも，為替の知識，英語力，国際関係，接待術，

などの知識をもって管理職として活躍することもあるでしょう。それはそれですばらしいことです。

　本書は，そういう幅広い知識を学ぶ本ではありません。あくまでも，**会計の知識，会計の技法**を学ぶものです。

　なにも１頁目から順に読む必要はありません。関心のあるところ，疑問のところから読んで頂いてけっこうです。この本は，それぞれの章が独立して書かれていますし，必要に応じて，参照したほうがいいと思われる頁が書いてあります。

　経理関係の管理職の方なら「**予備知識編**」から，工場や販売部門の管理職なら「**基礎知識編**」から，子会社のトップ，全社的な経営の責任を負う立場の人なら「**応用知識編**」から読み始めてもいいと思います。もちろんそうはいっても，最初から順に読めば会計という世界が体系的に頭に入ることは間違いありません。

　この本の編集と製作を担当して頂いた税経セミナー編集部の清水香織さんと書籍製作部の杉浦奈穂美さんに，この場を借りて心からお礼を申し上げます。

　本書のカバーに，高校時代の恩師である平山幹昌画伯の作品を使わせて頂きました。記して感謝申し上げます。

2002年8月

田中　　弘

Contents

読者へのメッセージ

会計の世界へようこそ—Welcome to Accounting World
……………………………………………………………………… 1

予備知識編　どういうときに会計の知識が必要になるか

第1話　黒字でも倒産する不思議 …………………………… 13
- 「黒字」とか「赤字」って何だろうか　13
- 黒字でも倒産する　14
- 資金繰りは会社の生命線　16

第2話　赤字続きでもやってゆける不思議
　　　——自転車操業 ……………………………………………… 17
- 大企業の子会社は倒産しない　17
- 自転車操業は倒れない　18

第3話　売れていても倒産する不思議 ……………………… 19
- 薄利多売で千客万来　19
- 固定費を忘れたら　20
- 「原価割れ」してでも注文を取る　21
- 外注したほうが割安の場合でも　22
- 赤字の製品は製造を中止するべきか　23

第4話 花見酒の利益計算 …………………………………………24
- 落語の花見酒を知っていますか　24
- 内部取引は架空の取引　25

第5話 その投資は引き合うか …………………………………………27
- 0円プリントの怪　27
- 0円プリントのからくり　28
- 利益は後からついてくる　28

第6話 売上げが伸びればよい，というものでもない ………30
- 売上げにも「質」がある！　30
- 会社の儲けとセールスマンの儲けは別計算　31

第7話 利益の大きさだけでは経営の良し悪しは計れない …………33
- 利益にも「質」がある　33
- 資本（元手）の効率　34

第8話 会社の成績は良くも悪くもできる ……………………36
- 会計の仕事は「利益の計算」　36
- 評価の方法はいくつもある　36
- 会社の利益は百面相　37

基礎知識編　決算のはなし

CHAPTER 1　経理課をのぞいてみよう …………………41
- 経理部にはどんなデータが集まるか　43
- 電気代がわかれば会社の売上げがわかる　44
- アイスクリーム屋のコーンが減ると　45
- 決算公告を見たことがありますか　46
- そのデータはどうやって作成されたか　49
- 簿記を覚えると何ができるようになるか　50

目　　次 ◆ 3

CHAPTER 2　簿記はどういう仕組みになっているか ……52
- 貸借対照表と財政状態　52
- 損益計算書と経営成績　58
- 貸借対照表と損益計算書の関係　60
- 簿記の締めくくり──決算　62

CHAPTER 3　決算書はどうやって作るのか ……………64
- 簿記のもう一つの仕事──決算書の作成　64
- 決算書を作るルールと監査
  ──商法・証券取引法・企業会計原則　65
- 商法会計の目的──なぜ，債権者を保護するのか　66
- 商法のディスクロージャー規定　69
- 証券取引法会計の目的──なぜ，投資者を保護するのか　71
- 証券取引法のディスクロージャー規定　73
- 財務諸表等規則　73
- 確定決算基準　75
- 企業会計原則　78
- 真実性の原則　79
- 継続性の原則　80
- 保守主義の原則　81

必須知識編　決算書の読み方

CHAPTER 1　損益計算書（P／L）の構造を知る ………85
- 損益計算の方法──損益法と財産法　85
- 損益計算の基準　88
- 費用収益対応の原則　90
- 損益の種類と区分　91
- 売上総利益と営業損益　93

- ■ 営業外損益 96
- ■ 特別損益 97
- ■ 損益計算書（P／L）の作り方 97
- ■ 当期業績主義 98
- ■ 包括主義 98
- ■ 損益計算書の構造 99
- ■ 損益計算書のシッポは未処分利益 103
- ■ 損益計算書を読むコツ——活動量を示した損益計算書 104
- ■ 成果を計算する損益計算書 105
- ■ 利益は5種類もある 107

CHAPTER 2　貸借対照表（B／S）の構造を知る……108

- ■ 貸借対照表（B／S）の役割 108
- ■ 資産の分類 110
- ■ 販売資産は営業循環基準 110
- ■ 金融資産は1年基準（ワン・イヤー・ルール） 112
- ■ 資産の評価 113
- ■ 負債の分類と評価 114
- ■ 資本の分類 115
- ■ 株式会社の資本の分類 115
- ■ 貸借対照表を読むコツ
  ——ストック表としての貸借対照表 116
- ■ 残高表としての貸借対照表 117

CHAPTER 3　収益力を読むポイント……………………118

- ■ 「もうかりまっか」 118
- ■ 「もうかりまっか」を数字で表せば 119
- ■ 総資本利益率は経営者にとっての利益率 119
- ■ 自己資本利益率は株主にとっての利益率 121

　　　　　　　　　　　　　　　　　　　目　　次　◆——5

- ROAとROEを分解してみよう　123
- 「売上げの質」を見る　125
- 損益分岐点の考え方——クリーニング店の場合　127
- 公式から損益分岐点を求める　130
- 利益図表（損益分岐点図表）を描いてみる　131

CHAPTER 4　成長力を読むポイント……………………………134

- 普通グラフでは成長を測れない　134
- 片対数グラフのマジック　138
- 健全な成長の見分け方　141

CHAPTER 5　借金の返済能力を読むポイント……………144

- 図体の大きい会社は良い会社か　144
- 図体はどうやって測るか　146
- 自己資金と借金のバランス　147
- 自己資本比率で何を測るか　148
- 短期の返済能力と長期の返済能力　151
- 流動比率が語る「借金の返済能力」　151
- 当座比率は返済能力のリトマス試験紙　153
- 支払能力の総合的判定　154

最新知識編　会計ビックバン

- 国際会計基準という黒船が来た　159
- 会計ビックバンとは何か　161
- 橋本内閣の金融ビックバン　161
- 規制緩和と自己責任の原則　162
- 金融ビックバンの命綱は会計改革　164
- 会計制度改革の柱　166
- いいことずくめの会計ビックバン　166

- 黒船その1:「真の実力を示す連結財務諸表」 167
- 垂直型の企業集団とクモの巣型企業集団 169
- 「企業集団の株」は売っていない 172
- 黒船その2:「含み経営を排する時価会計」 173
- 「含み経営」とは何か 174
- 時価主義は「捕らぬ狸の皮算用」 175
- 「含み経営」は美徳ではないのか 176
- 「含み損益」の扱い 177
- 温存された「含み経営」 180
- デフレ下の時価会計——債務超過の恐怖 181

応用知識編　トップ・マネジメントの会計常識

CHAPTER 1　連結財務諸表を読むポイント　………………185
- 企業集団とは何か 185
- 企業集団の財務諸表 188
- 親会社と企業集団を比較してみる 188
- 貸借対照表を比べてみる 189
- 損益計算書を比べてみる 192
- 企業集団は,どの事業で儲けているか 193
- 企業集団は,どこで稼いでいるか 196
- 企業集団としての損益分岐点を計算してみよう 197
- 固定費と変動費の分解(固変分解) 198
- 事業別の損益分岐点を計算してみよう 201
- 個別財務諸表と連結財務諸表をどう使い分けるか 202

CHAPTER 2　資金繰りのテクニック……………………………204
- 満席にさせないテクニック 204
- 資金とは何か 205

- どのような資金情報が必要か　206
- カレンダーを利用した資金繰り　207
- 実績の資金表と見積もりの資金表　209
- 見積もり損益計算書と見積もり資金繰り表　210
- 1部制の資金繰り表　213
- 3部制の資金繰り表　214
- 資金繰りはボクシング　217

CHAPTER 3　キャッシュ・フロー計算書から何が読めるか……219

- キャッシュ・フロー計算書から何が読めるか　219
- キャッシュには何が入るか　221
- キャッシュ・フロー計算書の構造　222
- キャッシュ・フロー計算書を読むポイント　226
- 日本の大企業は資金繰りでは倒産しない　228

CHAPTER 4　売上高を予測する……230

- 経営計画のスタートラインは売上高の予測　230
- 時系列データを用意する　231
- スキャッター・グラフ法　232
- 最小2乗法（単純回帰分析）　235
- 移動平均法による売上高予測　237

エピローグ　よい会社の条件

CHAPTER 1　社会に貢献しているか……245

- 利益の額は経営者の総合成績　245
- 従業員の給料を減らせば利益は増える　246
- 従業員の給料と会社の儲けはシーソーゲーム　247
- 儲け過ぎに対する社会的批判　248

- 社会的貢献度を見るにはどうすればよいか 248
- 付加価値とは何か 249
- 付加価値の計算方法 251
- 付加価値は社会的貢献度の指標 251
- 付加価値の増減と企業成長の健全性 252

CHAPTER 2　経営計画と経営戦略を読む……255
- 「有価証券報告書」って何だ 255
- 配当政策を読む 256
- 経営戦略を読む 257
- 投資計画・生産計画を読む 258
- 生産能力・生産余力を読む 259
- 研究開発活動を読む 261

CHAPTER 3　配当性向・配当率・配当倍率を読む………262
- 配当性向とは何か 262
- 配当性向と配当率 264
- 配当倍率——イギリスの知恵 265

CHAPTER 4　最近の「よい会社」とは……266
- 環境問題への対応はできているか 266
- 消費者への対応はできているか 267
- リスク管理とコーポレート・ガバナンス 269

索　引………273

Welcome to Accounting World

会計の世界へようこそ

　最初に，会計知識の小テストをやってみましょう。

　最初からテストなんて嫌でしょうけど，ほんの10分か15分で，みなさんが会計についてどの程度の理解度があるか，どれだけ知識があるかを，自己診断できます。

　全部で5問あります。できないからといって気にすることもありません。できないところは，この本で覚えればいいのですから，気楽にトライしてみてください。

第一問

　さて，第一問です。つぎの言葉を読んでみてください。答えを書く必要はありませんから，口の中で，もごもご言ってみてください。

(1) 借入金　　(2) 貸借対照表　(3) 仕訳
(4) 有利子負債　(5) 売掛金　　(6) 買掛金
(7) 前受金　　(8) 貸付金　　(9) 引出金
(10) 為替手形　(11) 未渡小切手　(12) 先日付小切手
(13) 当座借越　(14) 棚卸　　(15) 手付金
(16) 先入先出法

答えは，後でお教えします。

第二問

つぎのセンテンスを読んでください。正しい内容なら○，間違っていたら×です。これも，頭のなかで，○か×をつけてみてください。

(1) 会社のお金はすべて社長のものである。
(2) 「借方」とはお金を借りる人（会社など）のことであり，「貸方」とはお金を貸す人（銀行など）のことである。
(3) 儲けのなかった年は，損益計算書や貸借対照表は作成しなくてもよい。
(4) 銀行からの借金を「借入金」という。
(5) 代金を小切手で受け取ったときは，「受取手形」で処理する。
(6) 赤字を出した会社は解散しなければならない。
(7) 貸借対照表の「土地」には，時価が書いてある。
(8) 減価償却の方法は毎年変更してもよい。
(9) 社債を発行したときは，貸借対照表に「有価証券」として表示する。
(10) ケイツネとは経常利益のことをいう。
(11) 自己株式とは，当社が発行した株式を所有していることをいう。
(12) 積立金とは，銀行などに預けてあるお金をいう。
(13) 決算をする日は店を閉めなければならない。
(14) 決算書は，法律で，公認会計士に作ってもらうことになっている。

この答えも，後で紹介します。

第三問

第三問は，左と右の項目をみて，最も関係の深い項目同士を結ぶ問題です。実際に線を引く必要はありませんから，目で，左と右を結んでみてください。

(1) 貸借対照表　　　　　　a　先入先出法
(2) 損益計算書　　　　　　b　不　渡　り
(3) 小　切　手　　　　　　c　貸倒引当金
(4) 約　束　手　形　　　　d　無形固定資産
(5) 流　動　比　率　　　　e　定　額　法
(6) ＲＯＥ　　　　　　　　f　バランスシート
(7) 減　価　償　却　　　　g　株主資本利益率
(8) 売　掛　金　　　　　　h　当期純利益
(9) 特　許　権　　　　　　i　当　座　預　金
(10) 棚　卸　資　産　　　　j　200％テスト

第四問

次の文章が正しければ〇，間違っていれば×印と理由を書いてください。

(1) 企業の資本は，株主が出す資本と銀行などからの借入れ（負債）からなる。

(2) 流動比率は，短期の支払能力を示す指標で，200％以上あることが望ましいといわれる。

(3) 売上高に含まれる本業の利益の割合を，売上高経常利益率という。

(4) 収支がトントンになり，損も益もでないときの売上高を損益分岐点という。

(5) 付加価値とは，その企業が独自に生み出した価値で，当期純利益と同じである。

第五問

最初に，つぎの文章を読んでみてください。

ある一流会社の入社試験でのことでした。Ａ君はペーパーテストの成績も抜群で，面接の印象も申し分なく，簿記のライセンスも持っていましたから，採用されることはほぼ決まりでした。

そのとき，重役の一人が，何気なく，「君のような優秀な人材が入ってきて，わが社の財務状況を改善して欲しいものだ」とつぶやきました。優秀なＡ君は，すかさず，「御社（おんしゃ）の財務諸表は，ひととおり勉強してきました。わたしの考えでは，『シャクニュウキン』が多すぎるので，『バイカケキン』の回収を早めて，早く返済すべきだと思います。『タイフキン』なんかも返済に充てたらどうでしょうか。」といいました。

これを聞いて人事部長は，「わが社の財務諸表をよく勉強している」と感心しましたが，財務担当の重役は，Ａ君の名前に×印をつけてしまいました。結局，Ａ君は採用されませんでした。

さて質問です。財務担当の重役は，なぜＡ君に×印をつけたのでしょうか。

第六問

つぎの文章を読んでみてください。

ある日の役員会の席で，財務部長が，つぎのような貸借対照表を役員たちに配布した上で，こういいました。

貸借対照表　　　（単位：万円）

現　　　金	2,000	借　入　金	20,000
商　　　品	10,000	支払手形	10,000
売　掛　金	30,000	資　本　金	10,000
固定資産	8,000	剰　余　金	10,000

財務部長「当社は，当期に入ってから，売掛金の回収が遅れるようになってきており，ここ数か月来，資金繰りがつかなくなってきております。当月末に支払期限がまいります手形が，4,000万円ほどありまして，この支払財源をどうするか，是非ご検討ください。」

この財務部長の発言に対して，エンジニア上がりの社長がいいました。

社長「財務部長，君が配布した資料を見ると，わが社にはまだ，資本金やら剰余金があるじゃないか。借入金なんか，ずいぶん使わずに残っているようだし。月末の支払いは，それを使ったらどうかね。」

財務部長は，この社長の指示を聞いて頭を抱えてしまいました。

さて，この話のどこがおかしいのでしょうか。なぜ，財務部長は，頭を抱えてしまったのでしょうか。

第七問

つぎの（　　　）に適当な語句を入れてください。

(1) 企業集団を1つの経済体として作成する決算書を（　　　　）という。

(2) 負債の合計が純資産の合計より大きいとき，この状態を（　　　　）という。

(3) 不動産の時価がその取得原価を下回ったときに強制的に評価損を計上させることを（　　　）会計という。

(4) 所有する有価証券のうち市場性があるものは，原則として時価評価されるが，市場性があっても（　　　　）の目的で所有する債券は原価で評価する。

(5) 証券取引所に上場している会社は，決算期ごとに，財務諸表を記載した（　　　　　　）を作成し，総理大臣と証券取引所に提出する。

各問題の答えはつぎのとおりです。

第一問の答え

(1)　かりいれきん　　(2)　たいしゃくたいしょうひょう
(3)　しわけ　　(4)　ゆうりしふさい　　(5)　うりかけきん
(6)　かいかけきん　　(7)　まえうけきん　　(8)　かしつけきん
(9)　ひきだしきん　　(10)　かわせてがた　　(11)　みわたしこぎって
(12)　さきひづけこぎって　　(13)　とうざかりこし　　(14)　たなおろし
(15)　てつけきん

第二問の答え

○を付ける番号　(4), (10), (11)　（あとは×）

第三問の答え

(1)　貸借対照表 —— f（バランスシート）
　【貸借対照表のことを，英語でバランスシートといいます】
(2)　損益計算書 —— h（当期純利益）
　【損益計算書は，当期純利益を計算する書類です】
(3)　小 切 手 —— i（当座預金）
(4)　約束手形 —— b（不　渡　り）
(5)　流動比率 —— j（200％テスト）
(6)　Ｒ Ｏ Ｅ —— g（株主資本利益率）
(7)　減価償却 —— e（定　額　法）
(8)　売　掛　金 —— c（貸倒引当金）
(9)　特　許　権 —— d（無形固定資産）
(10)　棚卸資産 —— a（先入先出法）

第四問の答え

○ を付けるもの (1), (2), (4)

(3) ×　本業の利益のことを営業利益とよぶので，ここは，売上高営業利益率が正しい。

(5) ×　付加価値はその企業が独自に生み出した価値ですが，ここから給料などの人件費，株主への配当，税金・利息などを支払った残りが当期純利益です。

第五問の答え

　この受験者がいっている「シャクニュウキン」というのは，「借入金（かりいれきん）」のことでしょう。「バイカケキン」は「売掛金（うりかけきん）」，「タイフキン」は「貸付金（かしつけきん）」のことをいいたいのでしょうか。

　会計の用語は，産業界の日常語です。正しく覚えておかないと，取引先の信頼を失うことにもなりかねません。財務担当の重役が×を付けたのは，この受験者が生半可な知識をひけらかしたからではないかと思います。

> **第六問の答え**
>
> 　貸借対照表には，現金，資本金，売掛金，積立金など，「金」で終わる項目がたくさん書いてあります。しかし，「お金」という意味で使うのは，現金だけです。あとの項目は，お金ではなく，「金額」をいっているのです。
> 　「資本金」は，会社の株主が資本として拠出した金額のことですし，「剰余金」は，会社の純資産が資本金を超える金額，「借入金」はいくら借金しているか，を意味しています。お金ではありませんから，これを引き出して借金の返済に充てるということはできません。
> 　ちょっと話が専門的になり，難しくなったかと思います。そうなんです。財務部長が頭を抱え込んだのは，こうした専門的なことを，エンジニア出身の社長に，どのように説明したらいいのか困ってしまったからでしょう。

> **第七問の答え**
>
> (1) 連結財務諸表　(2) 債務超過　(3) 減　損
> (4) 満期保有　(5) 有価証券報告書

　テストの結果はどうでしたか。簡単だったという人は，かなりの会計知識がある方です。この本で，その知識を再確認してください。きっと，数時間後には，体系的な会計知識を身につけることができます。
　ぜんぜんできなかったというみなさん，心配しないでください。この本は，みなさんのために書かれたものです。1日に10分か20分，ゆっくり読んでください。1週間か10日後には，あなたも会計のエキスパートに変身しています。

予備知識編

どういうときに会計の知識が必要になるか

　会計がわかれば何ができるでしょうか。管理職のみなさんには，その話をする前に，会計がわからないとどんな失敗をするかという話をしたほうが，会計を身近に感じられるかも知れません。

　以下では，会計の世界の七不思議を織り交ぜながら，現代の経済社会において，どういうときに会計の知識を必要とするか，正しい会計の知識がないとどういう失敗をするか，一緒に考えてみたいと思います。

第1話

黒字でも倒産する不思議

■ 「黒字」とか「赤字」って何だろうか

　会社の営業成績を表すときに,「**黒字**」とか「**赤字**」という言葉が使われます。「黒字」というのは,その年に利益が出た,儲けがあったということです。「赤字」というのは,その年は損失が出た,儲けがなかったということです。

> 収入（または収益）＞　支出（または費用）なら……黒字
> 収入（または収益）＜　支出（または費用）なら……赤字

　収入と支出（あるいは収益と費用）を比べて,残りがあれば黒で記入し,マイナスなら赤で不足額を記入したことから,このように呼ばれるようになりました。

黒字でも倒産する

　黒字は利益があったということですから、黒字が続けば会社は繁盛（はんじょう）すると考えるのが当たり前です。ところが、黒字でも会社が倒産することもあるのです。

　こんなケースを考えてみてください。

　あなたがパソコン・ショップの経営者だとしましょう。メーカーからパソコンを仕入れてきて、通信販売で売るとします。これなら、店舗も必要ありませんから、安く売ることができます。あなたは、商品の仕入れ価格に20％の利益を加えて販売することにしました。

　新聞の折り込み広告やダイレクト・メールなどを使って宣伝しました。さいわいにして商品の人気が高く、よく売れています。**できるだけ安く仕入れて高く売るのが商売の鉄則**ですから、商品を仕入れたときは現金で支払うか30日後に支払う約束の手形で払ってきました。

　商品は、顧客（こきゃく）（お客さん）から注文が来るたびに発送し、代金は、商品を受け取った後、5回とか10回に分けて、毎月5日に銀行に振り込んでもらう約束です。振込みが遅れた人がいますと、店員が直接、お客さんの家に出かけて代金を払ってもらってきました。

　こうした分割払いの販売方法を、**割賦販売**（かっぷはんばい）といいます。割賦販売は、買う側からしますと、商品代金の全額を一度に払わなくてすみます。頭金（あたまきん）といって、代金の一部を支払えば、すぐに商品を自分のものにできます。ですから、割賦販売は、あまりお金がない学生さんや働き始めたばかりの若い人たちを中心に使われています。

　あなたが経営するパソコン・ショップも、最近のやり方を取り入れて、インターネットのホームページを使って販売するようにしました。その

おかげで，しだいに全国から注文が来るようになりました。全国で販売するようになりますと，お客さんの誰かが今月の支払いが遅れたからといっても，そう簡単には全国各地に散らばるお客さんのところへまで集金にはゆけません。商圏が全国的に広がるにつれて，しだいに支払いが遅れる人も全国的に広がり，代金の回収に手間がかかるようになりました。

> **専門用語を覚えよう！**
>
> - **手　　形**──手形には，**約束手形**と**為替手形**があります。決められた日に，決められた場所で，決められた金額を受け払いするために作られる有価証券です。手形を発行することを「振り出す」といいます。
> - **約束手形**──この手形を振り出した人が，手形の所持人に，決められた日に決められた金額のお金を支払うことを約束した証券です。略して「**約手（やくて）**」といいます。この手形を持っている人は，手形代金を受け取る権利があり，手形を振り出した人は，代金を支払う義務があります。
> - **為替手形**──Ａさん（振出人）がＢさんに手形を振り出し，ＢさんがＣさんに代金を払ってくれるように依頼する手形です。略して「**為手（ためて）**」といいます。通常，ＡさんがＢさんに貸付金や売掛金などの債権があり，それを返済してもらう代わりにＣさんに払ってもらうように依頼するものです。
>
>   　Ｂさんがそれを承諾したとき，ＡさんはＢさんに対する債権が消滅し，ＢさんはＣさんに手形代金の支払義務が生じ，Ｃさんは，Ａさんへの債権が消滅し，代わりにＢさんへの請求権が発生します。
> - **会計処理**──手形を受け取った者は，「**受取手形**」という資産勘定で処理します。手形の発行等により，自分が支払義務が生じた者は，「**支払手形**」という負債勘定で処理します。

商品は現金払いで仕入れています。今月は，メーカーへの支払いは4,000万円を超えています。しかし，商品の代金は分割払いですし，一部のお客さんの支払いが遅れていますから，今月は600万円しか入金がありません。

今月の収入	600万円
今月の支出	4,000万円
現金の不足	2,400万円

今月は収入が600万円で，支出が4,000万円でした。こんな状況が何か月も続いてしまいますと，あなたが経営するパソコン・ショップはいずれ資金が不足して，商品を仕入れたくてもお金がないことになります。商品を仕入れるときに手形を発行しても，その手形の代金を支払う期日（**満期日**といいます）が来たとき，支払うだけの現金が手元にないことになります。

◆ 資金繰りは会社の生命線

約束した期日に手形の代金を支払えないということは，借金を払えないということであり，経済界では会社が**倒産**したものと考えます。店はこれ以上やりくりできなくなり，そこで店の生命は終了します。

あなたの店は，計算の上では儲かっていたのです。しかし，店や会社は，どれだけ儲かっていても，**資金繰りで失敗**すれば，経営は破綻します。払う約束の金額をちゃんと期日に支払うことができなければ，どれだけ繁盛していても，どれだけ儲けていても，会社は営業を続けることができないのです。「**勘定合って銭足らず**」とはこういうことをいうのです。儲けている会社が倒産するなんて，不思議ですね。

第2話
赤字続きでも
やってゆける不思議
──自転車操業

　前にも書きましたが，「**黒字**」というのは，その年に利益が出たということで，「**赤字**」というのは損失が出たということです。その年に赤字になっても，次の年に大きな黒字を出せば赤字は消えてなくなります。しかし，毎年のように赤字を出していれば，そのうちに会社は倒産するはずです。

　ところが，妙なことに，赤字を出し続けていても倒産しない会社もあるのです。

大企業の子会社は倒産しない

　大企業は，たくさんの子会社をもっています。子会社の中には，非常に大きな利益をあげている親孝行の会社もあります。たとえば，**セブン－イレブン・ジャパン**は**イトーヨーカ堂**の子会社ですが，親会社の利益（461億円）を大きく上回る1,537億円の利益を上げています（2002年2月期）。

　逆に，毎年のように損失を出し，親会社から損失を埋め合わせても

らっている子会社もあります。たとえば，新製品を開発するために作った子会社とか，従業員の福利厚生施設として作った子会社などは，最初から利益を無視して，むしろ赤字になることを承知の上で設立されます。

こうした子会社の場合は，必要な資金を親会社が出しますから，倒産に至るということはありません。子会社でなくても，銀行がお金を貸してくれるとか，親戚や友人が追加の資金を貸してくれる場合も，会社は倒産せずにやってゆけます。

自転車操業は倒れない

企業が倒産するのは，儲からないとか利益が出ないということではなく，資金が続かなくなったときだということがおわかりいただけたでしょうか。

損を出しながらも，何とかやっていく経営を「**自転車操業**」といいます。自転車は，少しでも前に進んでいけば転倒しません。会社も，資金の手当てさえつけば，損を出そうが，何とか経営を続けられるのです。

第3話
売れていても倒産する不思議

■ 薄利多売で千客万来

　儲かっているはずが，いつの間にか倒産してしまうという話をもう一つします。資金繰りでつまずくという話ではありません。

　Aさんは，駅前通りに小さな「スポーツ・シューズ」の店を開きました。店舗はビルの1階を借りました。その賃借料（ちんしゃくりょう）が月に15万円かかります。ショーウインドーや商品のスポーツ・シューズは，自己資金で用意しました。

　さいわいにして，近くに小学校と中学があり，夕方や土日にはスニーカー，サッカー・シューズ，テニス・シューズを買いにくるお客さんで繁盛していました。

　Aさんは，これだけ客がくるなら「薄利多売（はくりたばい）」でいけると考えて，値入れ率（ね）（マークアップ率）を20％とすることにしました。仕入れた値段に20％の利益を加えて販売するのです。子どもたちは現金で買っていきますから，第1話のように資金繰りで困るということはありません。

> **專門用語を覚えよう！**
>
> - マークアップ──商品の仕入れ価格に上乗せする金額。100円で仕入れた商品に30円を加えて130円で売るとき，マークアップは30円。この30円が**粗利益**となります。100円の仕入れ価格に30円の粗利益を加算する場合，マークアップ率（**値入れ率**）30％といいます。

　仕入れの値段に20％の利益を上乗せして販売するのです。仕入れ値が5,000円なら，これに20％の1,000円を上乗せして6,000円で売るのです。靴を1足売るたびに，いくらの儲けが出たかがわかります。売価が3,000円の靴なら，500円の儲けです（原価は3,000円÷1.2＝2,500円。利益は2,500円×0.2＝500円）。

　Aさんは，開店してから毎日，その日の売上げと利益を計算してきました。現金売りなので商品の仕入代金にも困ることなく，店は順調のようで，新聞の折り込み広告の回数を増やしたり，新しい看板を立てたりもしました。そんなAさんの店が，1か月ももたずに倒産したのです。なぜでしょうか。

固定費を忘れたら

　もうお気づきのように，Aさんは，店の賃借料（月に15万円でした）を支払うことを忘れていたのです。月末に不動産会社から請求されるまですっかり賃借料のことを忘れていたのです。
　店舗の賃借料，従業員の給料，事務用品代，電気代などは，**店が繁盛していてもいなくても，一定の額がかかります**。こうした**売上げと連動しない費用**を**固定費**といいますが，Aさんはこの固定費の存在を忘れて

> **専門用語を覚えよう！**
>
> - **固定費**——会社の仕事ぶりに関係なく払わなければならない費用があります。電話会社や電力会社に払う「基本料金」，銀行に払う「支払利息」，ビルの管理会社に払う「管理費・清掃費」，多くの場合，「従業員に支払う給料・手当」，「光熱費」，「水道代」，「広告宣伝費」などもそうです。こうした「会社の活動量（これを「**操業度**」といいます）の変化に関係なく，一定額の費用がかかるものを「固定費」といいます。
> - **変動費**——会社の活動量（売上げ，操業度など）が変化すると，それとほぼ正比例して変化する費用があります。たとえば，商品の仕入れ代金，製造原価などです。こうした費用を「変動費」といいます。

いたのです。

そんなばかなことを経営者がするはずはないと思いますか。常識的にはそうなのですが，実際の経営をみていますと，どう考えても固定費のことを忘れていそうな会社が多いのです。

「原価割れ」してでも注文を取る

電気工事を請け負っている会社があったとしましょう。数十名の電気工事の作業員と5〜6名の事務員がいます。いつもは大手の家庭電器会社から新築ビルの電気工事や配線，エアコンの取り付け工事などの仕事が回ってくるのですが，不景気であまり仕事も回ってきません。仕方なく，他の会社の電気工事を回してもらおうとしたのですが，儲けがほとんどない仕事ばかりなので，結局，引き受けませんでした。

これは正しい選択でしょうか。この電気工事会社には数十名の従業員

> **専門用語を覚えよう！**
> - **原価割れ**——作った製品の原価（あるいは仕入値）を下回る価格で販売すること。「**採算割れ**」ともいいます。
> - **採算ベース**——利益は出ないまでも、損も出ない状況。「**採算ベースに乗る**」といえば、いちおう、商売として成り立つことをいいます。

がいるのです。彼らには、たとえ、する仕事がなくても給料を支払わなければなりません。給料などの固定費を支払うためには、いくら儲けが薄くても、ときには損を出してでも、この仕事を引き受けるべきなのです。こうした場合に判断を誤る経営者は少なくありません。

外注したほうが割安の場合でも

　パソコンの部品を作っている会社があったとします。小さな部品なので、最後には必ず１つずつ箱詰めしなければなりません。工員の時間当たり賃金は2,000円するとしましょう。単なる箱詰めなら、外注に出すかアルバイトを雇ってやらせるほうが安上がりでしょう。

　しかし、コストの比較だけで工員を使うか外注・アルバイトにするかを決めるのはちょっと待ってください。工場で働いている工員達は一日中フルに働いていますか。作業と作業の間に手が空いていたり、注文がとぎれて工員がする仕事がないということはありませんか。

　工員に支払う給料は「固定費」です。仕事をしていても工場内でブラブラしていても給料は支払わなければなりません。部品の箱詰めも、工員の手が空いているときに工員がやるようにして、どうしても間に合わないときに限って、外注に出すなりアルバイトやパートを雇うべきです。

アルバイトやパートでもできる程度の作業でしたら，忙しいときには，手すきの事務系社員に手伝ってもらうという手もあります。事務系の社員に払う給料も固定費です。手伝ってもらっても，費用は増えません。

赤字の製品は製造を中止するべきか

　服のボタンを作っている会社があったとします。婦人服のボタンはそこそこ儲けがあるのですが，紳士服につけるボタンは赤字が続いているとします。社長は，紳士服用のボタンは儲からないから，儲かる婦人服のボタンだけを作ることにしようと考えています。皆さんが，経営コンサルタントだったら，この社長の考えに賛成しますか。

　この会社は，赤字の製品を作らなくなると，きっと，赤字はもっと大きくなって，婦人服用のボタンがかせぐ利益も吹き飛んでしまうでしょう。なぜでしょうか。それは，婦人服ボタンが利益を出していたのは，その固定費の一部を紳士服ボタンが負担していたからです。紳士服ボタンの製造を止めますと，婦人服ボタンが固定費の全部をカバーしなければなりません。それでは，いままで利益を出していた製品でも，固定費が増えて，損失を出さざるをえません。

　赤字の製品だからといって生産を中止すると，予想に反して利益が減ったり損失が生まれてしまうケースもあるのです。

第4話

花見酒の利益計算

■ 落語の「花見酒」を知っていますか

　若いみなさんは，落語なんか聞いたことも見たこともないかもしれませんが，落語だからといってばかにはできません。落語の世界にも，すばらしい会計の話があるのです。現代風にアレンジして紹介しましょう。
　落語の世界の主人公に，熊さんと八つぁんがいます。少々頭の軽いこの二人が，横丁の酒屋から酒を1升借りて，さくら公園に花見にゆくことにしました。花見の客に酒を高く売って一儲けしようと考えたのです。二人は釣り銭として700円をふところに入れて，長屋をでました。
　1合につき300円で売ることにしました。1升は10合ですから，全部売ったら3,000円になる計算です。酒の原価が1,000円とすると，全部売れたら二人で2,000円の儲けになります。二人は有頂天になりました。酒を仕入れて，それを花見にもっていくだけで2,000円も儲かるのです。
　途中で，釣り銭をもっていた熊さんがいいました。「なあ，八つぁんよ，おれに酒をいっぺい売ってくれ」。八つぁんは少し考えて，相棒のいう

とおりにしました。誰に売ろうと，代金さえもらえば同じだからです。
　しばらくゆくと，八つぁんのほうも酒が飲みたくなりました。さっき熊さんからもらった300円がふところにあります。その300円で酒を買うことにしました。つぎにまた熊さんが酒を買い，その代金で八つぁんが酒を買いしているうちに，さくら公園に着いたときには酒びんはからっぽになっていました。
　すっかり酔っぱらった二人は代金を計算するのですが，全部売れた割にはふところのお金は少ししかありません。それでも二人には損をした気はしないのです。1杯売るたびに200円ずつ儲かったはずです。それもすべて現金で売ったのです。それなのにどうして手元には最初に釣り銭として用意した700円しかないのでしょうか。

内部取引は架空の取引

　現実の経済界でも，落語の花見酒と同じことが行われることがあります。たとえば，親会社が売り上げ不振に陥ったとき，しばしば売れ残りの商品を子会社に売りつけて，いかにも売れたかのように帳簿上の操作を行ったりするのです。昔，**リッカー**という会社が，工場で作ったミシンを倉庫に詰め込んで，これを売れたことにして架空売上げを計上し，何年か後に倒産するという事件がありました。
　熊さんと八つぁんの場合も，会社の内部で売り買いしているのと同じです。会社の内部で売り買いしても，そこからは利益はでません。会計では，こうした企業内部での取引を**内部取引**と呼んで，利益の計算からはずしています。

熊さんと八つぁんに，こうした会計の知識があれば，借金（お酒の代金は酒屋のつけになっていました）だけ残るということにはならなかったかもしれません。

> **専門用語を覚えよう！**
> - **内部取引**——本店が支店に製品を売ったり，支店が本店からお金を借りたりする取引をいいます。会社全体として見ると，実質的な意味を持たない取引です。決算のときには，取引を取り消します。
>   　**連結財務諸表**を作成するときは，親会社と子会社，子会社と孫会社の間の取引が内部取引になり，取り消されます。
> - **内部利益**——内部取引から生まれる「計算上の利益」です。たとえば，本店が支店に，100円で作った製品を150円で販売したとしますと，本店では50円の利益が生じます。ただし，この商品をお客さんに買ってもらったわけではありませんから，本当の意味での利益ではありません。こうした「会社内部」「企業集団内部」で商品などを移動するときに計上する「計算上の利益」を内部利益といいます。

第5話

その投資は引き合うか

◆ 0円プリントの怪

　写真のプリント代がタダという「**0円プリント**」を売り物にしている店があります。独立系ＤＰＥの最大手，**日本ジャンボー**も何年か前から写真のプリント代を無料にしました。

　それまで，1枚について，安いところで5円から10円，高いところですと20円とか30円もしていたプリント代がタダになるというのですから，キツネにつままれたような気になります。

　似たような話に，**1円入札**（いちえんにゅうさつ）というのがあります。何億円，何十億円もかかる建物の建築を1円で引き受けたり，数十億円もするコンピュータ・システムを1円で納入するというのですから驚きです。

　なぜ，最初から損をすることがわかっているのに，こうした商売をするのでしょうか。第3話で紹介した，**固定費を支払うためにムリを承知で受注する**というのとは，少し話が違うようです。

0円プリントのからくり

「同時カラープリント0円」のカラクリはこうです。同時プリントは，フイルムを現像（D＝development）するのと同時にプリント（焼き付け，P＝printing）もします。ミニラボと呼ばれる小さな店では，待っている間に同時プリントをしてくれます。見ていますと，フイルムの現像からプリントまで，すべての作業を機械がやっていて，店の人はしろうとのようです。人手が要らないのと，機械に任せておけば失敗が少ないので，ずいぶんと安く上がりそうです。

もう一つ，現像代をみてみましょう。0円の同時プリントの場合，料金が一律770円だとします。もし，現像とプリントを別々に頼みますと，現像代が550円で，プリントが1枚10円としましょう。プリントが22カットでトントン，23カット以上なら客が損するのです。たいていのフイルムは，24コマ，27コマ，36コマですから，客としては同時プリントが安上がりです。

店の方では，人件費を除けば，現像にかかる費用は数十円でしょう。プリント代も，原価は1枚2～3円です。ですから，現像代として770円受け取れば，プリントはタダでも引き合うのです。

利益は後からついてくる

1円で落札したコンピュータ・システムにしても，ソフト・ウェアはタダ同然にして，ハード（機械）で元を取るとか，後日のメンテナンスや消耗品代・補修部品代で元を取るという計算ができるようです。

第5話　その投資は引き合うか　◆──29

　ガソリン・スタンドが，女性客だけに特別価格でガソリンを売っていることがあります。1リッターについて5円も10円も安いのです。原価を割っていることはみえみえです。女性が嫌いな洗車もオイルの点検もタダでしてくれます。

　損をしてでも，なぜ，女性客を優遇するのでしょうか。実は，ガソリン・スタンドには，それなりの計算があるのです。安いガソリンを入れにきた女性客に，他の商品，たとえば，オイル交換，添加剤，タイヤなどの補修部品，定期点検などを勧めると，女性客は，比較的言い値で応じてくれやすいのです。ガソリンで損をしても，他の商品でその埋め合わせができればいいのです。**「利益は後からついてくる」**という話です。

第6話
売上げが伸びればよい，というものでもない

■ 売上げにも「質」がある！

　経営者の話を聞いていますと，「今期は，売上げが30％も伸びました」とか，「来期は売上げを倍増する計画です」とか，「このところ，売上げが伸び悩んでいます」といった話をよく聞きます。社長さんだけではなく，支店長も「売上げを伸ばせ！」「Ｂ支店の売上げに負けるな！」などと檄を飛ばしているようです。

　どうやら経営者や管理職の皆さんは，「売上げが伸びることはよいことだ」と考えているようです。いえ，もちろん，売上げが伸びることはよいことです。

　しかし，ちょっと考えてください。その売上げは，「質のよい売上げ」ですか，それとも「質の悪い売上げ」ですか。「売上げ」にも「質」があるのです。その話をしましょう。

■ 会社の儲けとセールスマンの儲けは別計算

　自動車の販売会社としましょう。大手の自動車メーカーが親会社で，そこから車を仕入れ，これをユーザーに販売します。親会社からは，毎期，売上げ目標が指示され，これを達成すると，多額の報奨金が出ます。特に，売上げ増進に貢献したセールスマンには多額の報奨金が出ます。

　親会社から仕入れた車の代金に，だいたい10％を上乗せして販売しているとします。100万円で仕入れた車なら，110万円で販売するのです。ただし，いつも買ってくれているお得意さんには105万円で売るとか，初めてのお客さんでも，うまく値切られて107万円で売るということもあります。

　車のセールスマンには給与（固定給）の他にマージン（売った車の代金に占める自分の取り分）がありますから，その範囲内であれば，どこまでまけてもいいかは自分で決めることができます。今，そのマージンが5万円とします。定価が110万円の車であれば，110万円で売ればマージンは5万円，108万円で売れば，マージンは3万円です。105万円で売れば，自分のマージンはなくなり，103万円で売れば，自分で2万円を負担しなければなりません。**原価割れ**で売ることは許されていますが，その損失はセールスマンが負担するのです。

　支店長には，原価を割ってでも売ることが許されています。Aさんに105万円で売って5万円の儲けが出たら，Bさんには95万円で売って5万円損しても，支店としては損益ゼロになります。支店長には，そうした個々のセールスマンの損得を超えた「支店としての損益」あるいは「いくつかの取引を通算した損益」を目標とすることが求められています。

本社からは，支店に，「売上げを前年比30％増加」という指示が来たとします。売上げを30％も増やすのは並大抵のことでは不可能です。ところが，G支店のセールスマン，Hさんが，半年もしないうちに，「前年比，30％増」を達成したという報告がありました。どうしてそんなに短期間のうちに「売上げ30％増」などという芸当ができたのでしょうか。

答えは簡単です。Hさんは，自分のマージンを犠牲にして，「トップセールスマン」に与えられる報奨金をねらったのです。前期比200％（2倍）にでもなれば，車のセールスマージンよりも大きな報奨金がもらえます。それなら，自分のマージンを捨てて，車を安く売ることで売上げを倍増し，トップセールスマンとしての報奨金をもらうほうがよいと考えるのです。

しかし，こんな経営を続けていたら，セールスマン（従業員）は高額の給与をもらえても，会社自体は**「利益なき売上げ増」**ということになりかねません。会社にとっては，売上げ増加も大切ですが，その**売上げの中に十分な利益が含まれていること**がもっと大事なのです。

第7話
利益の大きさだけでは経営の良し悪しは測れない

■ 利益にも「質」がある

　同じような商売をしている2つの会社があったとしましょう。A社は，産地に近いところに工場と本社を置き，農産品の加工と販売を手がけています。B社は，同じ農産品の加工と販売をする会社ですが，消費地に近いところに工場と本社を置いています。A社の商圏は関東だけですが，B社は全国に販売網を持っています。

　A社の売上高は，約1億円で，**経常利益**（今年の利益）は1,000万円ほどでした。ところが，B社の売上げは10億円を超え，経常利益も1億円ほどでした。売上高に占める利益の割合は同じ10％ですが，B社は，売上高も利益の額もA社の10倍です。どう見ても，A社よりB社が優良会社です。

　ところが，どういうわけか，その後数年して，B社は廃業してしまいました。A社は今でも元気にやっていますから，農産品の加工業がダメになったということではないようです。B社の農産加工製品もけっこう

人気がありました。B社には，優秀な経理マンがたくさんいて，固定費のことを忘れるなどということもなかったはずです。では，**資金繰り**に失敗したのでしょうか。B社のオーナーは資産家で，B社も**無借金経営**でやっていましたから，資金繰りに困って廃業したわけではなさそうです。

資本（元手）の効率

　いろいろ調べてみますと，B社のオーナーは，この事業に総額で100億円も投資していたそうです。100億円も投資して，1年間に1億円しか利益がでないとなると，**投資の利益率**は1％です。会社が法人税を負担し，オーナーが配当金の所得税を負担すれば，100億円の生む利益は年に0.2％か0.3％あたりです。きっとこのオーナーは，とても事業のリスクを負ってまでやることではないと考えて，思い切ってこの事業から撤退し，もっと利益の出る事業に転業したのではないでしょうか。

　A社のことを調べてみましたら，A社は，いわゆる**同族会社**で，親子で社長と専務を務め，本社の事務員も工場の工員もほとんどが縁故採用でした。社長が出した資本もわずか1,000万円で，工場を建てる資金は農協から借りて，工場を建てる木材は裏山から切りだし，ずいぶん安く作りました。農協から借りたお金も数年後には返済が終わっていました。

　A社は無借金になりましたが，売上げも好調なことから，また農協からお金を借りて，工場を拡張することを計画しているそうです。

　同じ農産加工製品を扱ってきたのに，どうしてこうした違いが出たのでしょうか。もう皆さんお気づきのように，A社とB社では，資本の効率がまるで違ったのです。B社にしてみれば**資本の効率**（投下した資本が何％の利益を生むか）は1％，法人税を負担した後では0.5％です。

第7話　利益の大きさだけでは経営の良し悪しは測れない　◆───35

B社のオーナーにしてみますと，利益を全部配当として受け取っても，さらに所得税を負担しますから，資本の効率は0.3％かそこらです。

　A社の場合，資本は1,000万円だけです。その1,000万円が1年に1,000万円の利益を生むのです。法人税を50％負担しても，1,000万円の資本が500万円の利益を生んでいるのです。資本の利益率は，50％です。すべての利益を配当に回しても，オーナーが受け取るのは毎年200万円から300万円です。オーナーにとっても資本の利益率は20〜30％です。B社のオーナーが0.3％というのとは雲泥の差です。

　前の第6話では売上げが伸びればいよいというものでもない，という話をしました。ここでは，利益が大きくてもいい会社とは限らない，という話をしました。

第8話
会社の成績は良くも悪くもできる

■ 会計の仕事は「利益の計算」

　会社の資金を有効に使うためには，資金の動きを記録し，ムダな資金を使わないように工夫し，どれだけ儲けが出たかを計算する必要があります。そうした資金は，具体的には，商品や備品，建物などの形を取って運用されています。

　会社に投下された資金が，どういう形態で運用され，その結果，どれだけの利益が出たかを計算するのは，会計の仕事です。

■ 評価の方法はいくつもある

　会社の利益を計算するには，いくつかの方法があります。会社の財産を評価する方法もいくつかあります。同じ事業内容でも，計算の方法が違いますと，利益の額や財産の額も変わります。極端な場合には，ある

方法で計算すると利益が出て,別の方法で計算すると損失になるということもあります。

驚かないでください。こんなことは普段の生活の中では珍しくありません。大学生の答案を採点するとき,同じ答案を採点していても,論述の内容が論理的で,首尾一貫しているかどうかを重視する教授もいますし,答案に学生自身の意見や批判が盛り込まれていればよい点をつける教授もいます。自分の学説のとおりに書かないと合格点をつけない教授もいるようです。同じ答案であっても,採点の基準が違えば,合否までも変わりかねません。

絵画,文学,音楽などの芸術の分野では,同じ作品に対してまったく逆の評価が下されることはまれではありません。

会社の利益は百面相

会計というのは,**事業の成績評価**と同じですから,評価の基準が異なれば,異なる点数がつくのは当然といえます。問題は,どの方法を,どういう基準で選ぶかを明確にしておくことです。しょっちゅう変えるようでは,正しい評価ができません。また,自社が採用している方法を使って出てきた計算結果は,単に一つの結果であって,別の方法を採用していたら別の計算結果が出るということを十分に理解しておくことが大事です。

以上は,会計の予備知識です。どうでしたか。会社も会計も不思議な世界だと思いませんか。

しかし,いくら不思議な世界でも,管理職の皆さんは「私は知らない」では済まされません。私が道案内しますから,どうか安心して会計の世

界を訪ねてください。きっと，「他人には聞けない」**管理職の会計常識**が身につくはずです。

基礎知識編

決算のはなし

　ビジネス・パーソンにとって，今や「決算書」は避けて通れません。かつては「決算書」は経営者と経理課員だけが知っていればよかった知識でした。
　それが今では，総務のスタッフも，人事課の秘書嬢たちも，いえ，あなたの部下たちも，会話の中で「貸借対照表」だの「連結会計」だの「時価主義」といった専門用語を使うようになりました。
　それだけ重要な知識だといえますが，逆にいいますと，誰にでもわかる知識でもあるのです。
　では，その「決算書」の扉を一緒に開けることにしましょう。

CHAPTER 1

経理課をのぞいてみよう

　会社に勤めている人なら，**経理部**とか**会計課**をのぞいたことがあると思います。経理部には，「**仕訳帳**」とか「**得意先元帳**」とか「**商品有高帳**」といった帳簿類や「**入金伝票**」とか「**出金伝票**」といった伝票類はありましたか。そんな帳簿や伝票は見たことがないという人も多いと思います。

　その代わりに，経理部で見るのは，たくさんのデスクトップのコンピュータとプリンターではないでしょうか。そうです，最近の経理は，手書きで帳簿をつけたり伝票を作成したりする代わりに，そうした作業のほとんどをコンピュータによって処理するようになりました。

　経理事務が機械化されるようになりますと，**ペーパーレス**といって，これまで紙（帳簿や伝票）の上に残してきた記録を，**コンピュータの記憶装置に保存**するようになります。また，これまでは一つの取引を会計処理するのに，何か所もの帳簿や伝票に取引の内容と金額，日付などを転記しなければなりませんでしたが，そうした作業は不要になりました。計算や転記のミスも生じません。

　経理課というと1日中，そろばんや電卓で計算ばかりしているところみたいに思われますが，そうではありません。経理課に配属されると，

これまでは，そろばんができないとか，計算が遅いとか，白い目で見られることもあったでしょうが，そんなことは今では問題ではなくなりました。計算はすべてコンピュータがやってくれます。「合計が1円合わないために残業」なんてことは昔の話です。

　これは大企業だけの話ではありません。いまや，中小規模の会社や商店でも，**経理は機械化**されています。店には大型のコンピュータなどはなくても，店にある端末機が電話回線で公認会計士や税理士の事務所にある大型のコンピュータとつながっていますから，いつでもコンピュータを利用できます。

専門用語を覚えよう！

- **仕　訳　帳**——取引ごとに，借方（左側の要素）と貸方（右側の要素）に分けて記録し，あわせて取引の概要を記入する帳簿。
- **得意先元帳**——得意先というのはお得意さんのことです。この帳簿に記入するのは，掛けで販売したときの売掛金を管理するものです。**売掛金元帳**ともいいます。
- **商品有高帳**——商品の種類別に仕入れ量，販売量を記録し，在庫の量がわかるようにする帳簿。
- **入　金　伝　票**——仕訳帳の代わりに現金の収入を伴う取引を記録する伝票。通常，赤色の伝票を使うことから，「**赤伝**」といいます。
- **出　金　伝　票**——仕訳帳の代わりに現金の支出を伴う取引を記録する伝票。「**青伝**」といいます。
- **振　替　伝　票**——現金の収支を伴わない取引を，仕訳帳と同じように記録します。青または黒色の伝票で，「**振伝**」といいます。

経理部にはどんなデータが集まるか

経理部とか**会計課**というところは、基本的には、会社のお金を扱う部門です。仕入先に商品の代金を支払ったり、得意先（お得意さん）から売上代金を回収したり、出張する社員に旅費や滞在費を支払ったりその精算をしたり、銀行からお金を借りたり、社員の給料の計算をしたり、**お金を出し入れすることはすべて経理部**とか会計課で扱います。

■ 経理部に集まる情報

情 報 の 種 類	経理部の扱い
商品の仕入れ情報	仕　入　高
製品の製造情報	製　　　品
売上げの情報	売　上　高
従業員の勤務に関する情報	給　　　料
電力料金の請求書と領収書	電　力　料
交通費の請求書と領収書	交　通　費
工場の建設計画	建　　　物

お金でなくても、**会社の財産**に関することなら、やはり経理部門の仕事です。新しい工場を建てたとします。工場には、機械や工具を入れ、電気や水を通し、工具や守衛(しゅえい)を雇い入れ、原材料を調達し、製品を運搬するための車両や保管用の倉庫も必要になります。

工場を建設しこれを稼働するのは、一見して、お金と関係ないようにも見えますが、実は、工場を建てるのにも、機械や車両を用意するにも、工具を雇うのにも、結局はお金が必要です。

支店を開くことにしたとしましょう。土地・建物を購入するか、それともリースでまかなうか、それによって資金繰りに重大な影響を持ちま

すし，損益計算の結果にも大きな相違が出ます。**土地・建物を自社で保有する**とすれば多額の現金を用意しなければなりませんが，いったん購入すれば，それを担保として資金を借りることもできるようになります。**土地・建物をリースで借りる**とすれば，当面の資金は少なくて済みますが，借りている間は毎月毎年，リース料を支払わなければなりません。**どちらが有利かを計算するのも会計課の仕事です。**

　会社の活動は，どのような活動でも，必ずお金が動きます。商品を仕入れて販売しようとすれば，商品の仕入代金，店舗の使用料，店員の給料などがかかります。商品が売れればその代金が入ってきます。仕入先に電話をかければ電話代，仕入れのために問屋に出向けば交通費，商品を包装すれば包装紙代，お得意先に届ければ運送費，店の電気代・水道代・広告費……。会社の活動はどんなものでも必ずお金が動くのです。

■ 電気代がわかれば会社の売上げがわかる

　会社が何か活動をすればお金が動くということは，逆に，**お金の動きを注意して見ていれば会社の動き（活動）が見える**ということにもなります。

　ラーメン屋さんを経営しているとしましょう。生の麺１個の仕入れ値が100円で，これにシナチクやモヤシなどを加えて300円で販売するとします。今週は，全部で500個仕入れたので麺の代金を50,000円支払ったとします。売れ残りがないとすれば，この店の売上高は，レジスターの売上高を計算するまでもなく，「麺の仕入代金」からわかるのです。

　仕入代金は50,000円でした。１個100円でしたから，仕入れたのは500個だということがわかります。500個を，１個300円で売ったのですから，売上高は150,000円になります。レジスターの現金から麺の代金50,000

円を支払ったとしますと,今週1週間で現金が100,000円増えているはずです。

絶え間なく原料を仕入れているとすると,経理課で支払う代金も少しずつ増えていきますから,本社にいても,工場の動きが手に取るようにわかります。**工場の電気代は工場の活動量と正比例**しますから,電気代が増えると工場の生産活動が盛んであることがわかりますし,電気代が少なくなると,工場の仕事が減ってきたことがわかります。

理容院や美容院の売上げは,シャンプーなどの消耗品に正比例します。ですから,お店のシャンプーや整髪料の仕入高がわかれば,売上げもわかるのです。病院の収入（医療収入）は,治療や手術に使う薬品や注射針などの注文量に正比例します。

お金の動きやお金に連動したもの（シャンプーや空き瓶）を見るだけで,会社の動きが手に取るようにわかるのです。

■ アイスクリーム屋のコーンが減ると

外部から会社の動き（活動）を知るには,その会社のお金の動きを見るというわけにはゆきません。ラーメン屋さんの売上げを知りたくても,店の主人に「麺の仕入代金」を聞くわけにもゆきません。しかし,1日の終わりにラーメン屋さんが捨てるゴミの中に,どれくらいの箸が入っているかを見れば,おおよその売上げがわかります。

飲み屋さんなら,店の裏に積まれたビール瓶の空きケースやウイスキーのボトルを数えれば,1日の売上げがほぼ正しく計算できます。アイスクリーム屋さんでしたら,コーンの減り具合で売上げがわかります。

お金は,モノ（企業の活動）と一緒に動くということです。経理部とか会計課では,そうしたお金の動きや財産の変動を記録して,半年とか

1年ごとにデータを分類・集計します。こうした定期的に会計データを分類したり集計することを「**決算**」といいます。この作業によって，会社の**財産の状態（財政状態）**と**利益の大きさ（経営成績）**を確かめるのです。

■ 決算公告を見たことがありますか

今日の企業形態のうち，最も典型的なのは**株式会社**です。株式会社は，たくさんの人たち（投資者）から資金（資本といいます）を集めて経営しますから，定期的に，経営の結果を報告します。今年はいくら儲かったとか，損したとか，その結果，現在は預かったお金をどういうように運用しているか，などを報告します。

日本経済新聞や**官報**に，大手の企業が公表した「**決算公告**」が掲載されています。見たことがありますか。最近では，日本経済新聞に掲載された決算公告はインターネット上で見ることができるようにもなりました。無料ですから，ぜひ，一度見てください。

ＵＲＬは，http://ir.nikkei.co.jp です。

また，平成13年に商法特例法が改正されて，紙の上の公告に代えて，電磁的方法（インターネットのホームページ上での公開など）によることが認められました。ホームページを持つ会社の決算公告は，インターネットで見るほうが便利になりそうです。

もう一つ，大会社（**上場会社**など）の場合には，**連結計算書類**（連結貸借対照表と連結損益計算書）またはその要旨も公告することが予定されています。

たとえば，**京セラ**株式会社の決算公告はつぎのようなものでした。

CHAPTER 1　経理課をのぞいてみよう　◆──47

第48期決算公告
平成14年6月27日

KYOCERA

京都市伏見区竹田鳥羽殿町6番地
京セラ株式会社
取締役社長　西口泰夫

貸借対照表の要旨
（平成14年3月31日現在）
（単位：百万円）

科　目	金　額	科　目	金　額
（資産の部）	(1,110,951)	（負債の部）	(231,516)
流　動　資　産	455,058	流　動　負　債	144,810
現金及び預金	175,666	支払手形及び買掛金	41,922
受取手形及び売掛金	135,615	未　払　金	66,318
有　価　証　券	10,901	未　払　費　用	8,810
た　な　卸　資　産	78,809	未払法人税等	11,400
短　期　貸　付　金	18,340	そ　の　他	16,359
そ　の　他	36,026	固　定　負　債	86,706
貸　倒　引　当　金	△ 300	退職給付引当金	72,612
固　定　資　産	655,892	そ　の　他	14,094
有形固定資産	134,960	（資本の部）	(879,434)
無形固定資産	4,095	資　本　金	115,703
投　資　等	516,836	資　本　準　備　金	191,693
投資有価証券	312,723	剰　余　金	489,071
子会社株式・出資金	172,305	（うち当期利益）	(34,475)
長　期　貸　付　金	23,792	評　価　差　額　金	93,076
そ　の　他	15,484	自　己　株　式	△ 10,110
貸　倒　引　当　金	△ 7,470		
資　産　合　計	1,110,951	負債・資本合計	1,110,951

損益計算書の要旨
（平成13年4月1日から
　平成14年3月31日まで）
（単位：百万円）

科　目	金　額
売　上　高	499,264
売　上　原　価	385,740
販売費及び一般管理費	75,159
営　業　利　益	38,364
営　業　外　収　益	22,814
営　業　外　費　用	4,765
経　常　利　益	56,412
特　別　利　益	1,603
特　別　損　失	6,293
税引前当期利益	51,722
法人税、住民税及び事業税	22,137
法人税等調整額	△ 4,890
当　期　利　益	34,475
前期繰越利益	6,376
中間配当額	5,671
当期未処分利益	35,180

（注）1.有形固定資産の減価償却累計額　　306,989百万円
　　　2.商法第290条第1項第6号に規定する純資産額　　92,663百万円
　　　3.1株当たり当期利益　　182円36銭

（ご参考）

連結貸借対照表の要旨
（平成14年3月31日現在）
（単位：百万円）

科　目	金　額	科　目	金　額
（資産の部）		（負債の部）	
流　動　資　産	902,867	流　動　負　債	359,108
現金及び現金等価物	280,899	短　期　借　入　債　務	119,281
引出制限条件付預金	59,509	支払手形及び買掛金	78,627
短　期　投　資	10,902	設備支払手形及び未払金	72,569
受取手形及び売掛金	199,607	未　払　税　金	21,359
短　期　金　融　債　権	83,196	そ　の　他	67,272
貸　倒　引　当　金	△ 11,110	固　定　負　債	179,342
た　な　卸　資　産	205,806	長　期　債　務	96,856
繰　延　税　金	51,997	未払退職及び年金費用	49,549
そ　の　他	22,061	そ　の　他	32,937
固　定　資　産	742,591	（負債合計）	(538,450)
投　資　及　び　貸　付　金	327,865	少　数　株　主　持　分	67,530
長　期　金　融　債　権	83,745	（資本の部）	
有　形　固　定　資　産	268,623	資　本　金	115,703
営　業　権	30,757	資　本　準　備　金	158,228
そ　の　他	31,601	連　結　剰　余　金	798,407
		累積その他の包括利益	△ 22,750
		自　己　株　式	△ 10,110
		（資本合計）	(1,039,478)
資　産　の　部　合　計	1,645,458	負債及び資本の部合計	1,645,458

連結損益計算書の要旨
（平成13年4月1日から
　平成14年3月31日まで）
（単位：百万円）

科　目	金　額
純　売　上　高	1,034,574
売　上　原　価	795,201
売　上　総　利　益	239,373
販売費及び一般管理費	187,812
営　業　利　益	51,561
その他収益・費用（△）	
受取利息・配当金	7,304
持分法投資損益	1,559
そ　の　他（純額）	△ 5,026
その他収益・費用計	3,837
税引前当期利益	55,398
税金充当額	21,308
少数株主持分損益控除前当期利益	34,090
少数株主持分損益	△ 299
会計原則変更による累積影響額	△ 1,838
当　期　純　利　益	31,953

（注）1.米国会計基準により作成しており、表示金額は百万円未満を四捨五入しています。
　　　2.当年度末の連結子会社は139社、持分法適用会社は21社です。

この決算公告は，簿記のゴールです。簿記は最後に，決算という作業をして，こうした決算書類を作成し，公表します。

ところで，この決算公告から，何を読みとれるでしょうか。

> **専門用語を覚えよう！**
>
> ●公告と広告
>
> 「広告」は，advertisement のことで，「公告」は announcement のことです。
>
> ともに，世の中に情報を伝えることです。しかし，広告には，新製品の効能などを宣伝して顧客をさそうといった意味合いが強いのですが，公告は，単に情報を公開するといった意味で使われます。
>
> 「決算公告」は，商法の規定によって，すべての株式会社が決算書の概要を日刊新聞か官報に「有料で情報公開」するか，上で書きましたように，電磁的方法（インターネットのホームページ上など）で公開するものです。

京セラの規模はどれくらいか，というと，資本の大きさでは，1兆1,100億円，売上高（営業収益）では4,992億円，利益（当期利益）では，344億円といったことがわかります。また，この会社の「**利益を上げる力**」すなわち，**収益力**を計算することもできます。

ふつう，投資の収益力は，**資本利益率**といって，

$$資本利益率 = \frac{利益}{資本} \times 100 \, (\%)$$

として計算されます。ちょうど，銀行や郵便局にお金を預けたときの利息の計算と同じです。

$$預貯金の利率 = \frac{当期の利息}{当期の預貯金額} \times 100 \, (\%)$$

では，**京セラの資本利益率**はいくらでしょうか。

$$資本利益率 = \frac{利益（344億円）}{資本（11,100億円）} \times 100(\%) = 3.1\%$$

また，この会社が，本業でいくらくらい稼いだか，とか，財テクでどれだけの損益があったかもわかります。

貸借対照表という表を見ると，現金預金を1,756億円もっているとか，資本金が1,157億円であることなどが読みとれます。下段には，**京セラ**を親会社とした企業集団の**連結財務諸表**も掲げられています。詳しいことは，後のほうで紹介することにしましょう。

▶ そのデータはどうやって作成されたか

この決算公告に掲載されている**損益計算書**や**貸借対照表**はどのようにして作られたのでしょうか。この話を少しします。

企業はいろいろな活動をしています。商品を仕入れ，それを店頭に並べて売ったり，売れた商品を配達したり，代金を回収したり，従業員に給料を支払ったり，電話代を支払ったり，いろいろな活動をします。企業が活動しますと，企業の財産に変化が生じます。

たとえば，商品を仕入れるときは商品の代金を払いますし，商品が売れれば代金を受け取ります。そうした**企業活動によって生じる財産の変化を，簿記というシステムが記録する**のです。

簿記によって記録された財産の変動は，月末とか年末に，データを整理して，財産自体の計算書と財産の変化を計算した表を作成します。

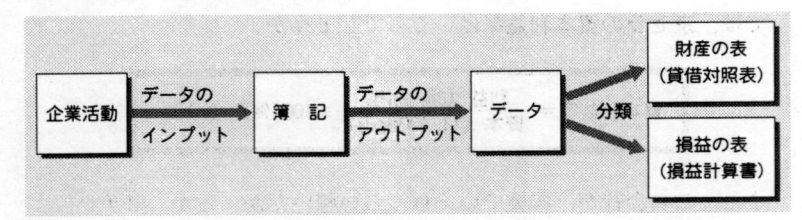

企業活動 → データのインプット → 簿記 → データのアウトプット → データ → 分類 → 財産の表（貸借対照表） / 損益の表（損益計算書）

　財産自体の計算をした表のことを**貸借対照表**といいます。財産がどれだけ変化したかを計算した表を**損益計算書**といいます。これらの表については後で説明します。

　これからわかるように、簿記は、貸借対照表と損益計算書を作るためのテクニックなのです。

簿記を覚えると何ができるようになるか

　簿記をマスターすると、いろいろなことができます。たとえば、自分で店を経営している人なら、自分で帳簿がつけられるようになります。簡単な**決算**なら自分でできるようになるでしょう。

　毎年、3月の**確定申告**で頭を痛めている自営業の人も多いことと思いますが、税金の計算に必要な帳簿をつけたり、申告書を書いたりすることが苦痛でなくなるでしょう。

　貸借対照表とか損益計算書といった**財務諸表（決算書）**が読めるよう

専門用語を覚えよう！

損益計算書──期間中にどれだけの利益を上げたかを計算するための損益一覧表。

貸借対照表──ある期間の終りにどれだけの財産があるかを示した一覧表。

CHAPTER 1　経理課をのぞいてみよう　◆——51

になります。財務諸表が手に入れば，その企業の経営の方針が読めるようになり，投資の指針として使うことができるようになるでしょう。

　簿記は，経理はもちろん，経営や財務（資金の調達・返済）など，企業のあらゆる場面で使われる最も基礎的な技法です。ただし，少しだけ専門的なことを知っていないと，簿記の話についてゆけません。そこで，以下，簿記のアウトラインを紹介しましょう。

CHAPTER 2
簿記はどういう仕組みになっているか

　簿記というシステムは，企業活動にともなって生じる**経済価値**とその変動のデータを基にして，**貸借対照表**と**損益計算書**という2つの**決算書**を作るものです。経済価値というと難しい表現ですが，お金や財産とその動きのことです。お金や財産がいくらあるか，いくら使ったか，いくら増えたかといったデータを材料にして，これを集計して，2つの決算書を作るのです。

　では，どうやってデータを集め，どういう作業をして決算書を作るのでしょうか。貸借対照表から説明しましょう。なお，貸借対照表のことを英語で，Balance Sheet ということから，**バランスシート**，あるいは，英語の頭文字を取って，**ビー・エス**という呼び方も一般化しています。書くときは，B／Sと書きます。

貸借対照表と財政状態

　貸借対照表は，期末における資産，負債および資本の有り高を記載することによって，企業の**財政状態**（財務状態）を示す決算書です。

最初に，記載する資産，負債および資本について説明します。会計や簿記で使う用語のほとんどは日常語としても使われますが，少し意味が違うことが多いので，ちょっと注意が必要です。

資産とは，

> (1) 現金，預金，土地，建物などの財貨（「もの」と「お金」）
> (2) 商品を売ってまだ代金を受け取っていない場合の**支払請求権**（これを**売掛金**(うりかけきん)といいます）
> (3) 他人にお金を貸している場合の**返済請求権**（これを**貸付金**(かしつけきん)といいます）

をいいます。簡単にいいますと，**資産**とは，「もの」と「お金」と「請求権」です。

負債は，商品を仕入れてまだ代金を払っていない場合の**支払義務**（これを**買掛金**(かいかけきん)といいます）やお金を借りていてまだ返していない場合の**返済義務**（これを**借入金**(かりいれきん)といいます）などの債務をいいます。

資産の内容	負債の内容
も の——商品，備品，建物	支払義務——買掛金
お 金——現金	返済義務——借入金
請求権——売掛金，貸付金	

今，借入金などの負債を返済しますと，現金などの資産が減少します。企業がすべての負債を返済したと計算しても，何らかの資産が残るとすれば，それは企業のオーナー（株式会社なら株主）のものです。**負債を全部返しても残ると計算される，その計算上の残高を資本と呼びます**。この意味での資本は，借金を返しても手元に残る具体的な資産ということではなく，現在の**資産の合計から負債の合計を差し引いた差額**という意味にすぎません。

専門用語を覚えよう！

この本の最初に出てきた「小テスト」を思い出してください。入社試験でA君がなぜ不合格になったかを覚えていますか。専門用語を正しく読めなかったからでした。

ここで，読み方と意味を覚えてください。

- **売掛金**——ウリカケキン。商品を掛け（後払いの約束）で売って，まだ代金をもらっていない場合の請求権。
- **買掛金**——カイカケキン。売掛金の逆で，商品を掛けで買って，いまだ代金を支払っていない場合の支払義務。
- **貸付金**——カシツケキン。お金を貸して，まだ返してもらっていないときの返済請求権。
- **借入金**——カリイレキン。貸付金の逆で，お金を借りて，まだ返していない場合の返済義務。

会計の専門用語は，ほとんどが「訓読み」です。要は，古くさく読めばいいのです。「音読み」のほうがカッコイイかもしれませんが，それでは会計に関して無知だと思われてしまいます。

では，つぎの用語は，どのように読みますか。答えは，この本の最初に出た第1問の答えを見てください。

　　棚卸　　貸付金　　為替手形　　当座借越　　引出金
　　先入先出法　　前受金　　手付金　　仕訳　　見渡小切手

$$資　産 - 負　債 = 資　本 \quad \cdots\cdots(1)$$

この(1)式の負債を右辺に移項しますと，つぎのような等式になります。

$$資　産 = 負　債 + 資　本 \quad \cdots\cdots(2)$$

貸借対照表は，この(2)式を，そのまま表にしたものです。

（借方）	貸借対照表	（貸方）
資　　産	負　　債	
	資　　本	

(注) 貸借対照表の左肩と右肩に,「借方」と「貸方」と書いてあります。これは,「借りる」とか「貸す」という意味ではなく,「借方＝左側」「貸方＝右側」という意味です。簿記や会計で,借方（あるいは単に「借」）とか貸方（単に「貸」）と言ったり書いたりする場合は,すべて右左の意味です。

たとえば,平成〇年1月1日現在における横浜商店の資産,負債を調べたら,つぎのようであったとします。

現　　金	¥ 200,000	銀 行 預 金	¥ 500,000
土　　地	¥ 800,000	建　　　物	¥1,600,000
借 入 金	¥ 700,000		

これらを資産と負債に分類して,両者の差額としての資本を計算し,貸借対照表を作ってみます。なお,個人企業の場合は,資本を**「資本金」**で表します。

貸借対照表

横浜商店　　　　　平成〇年1月1日　　　　　（単位：円）

資産	金額	負債および資本	金額
現　　　金	200,000	借　入　金	700,000
銀 行 預 金	500,000	資　本　金	2,400,000
土　　　地	800,000		
建　　　物	1,600,000		
	3,100,000		3,100,000

（注）　できあがった貸借対照表をよく見てください。金額には，¥のマークがついていません。簿記や会計では，金額を書くときには¥マークをつけないのです。
　　　もう一つ，金額に，（，：カンマ）がついています。これは，下桁から3桁目ごとにつけます。右から見て最初のカンマは，千の位で，2つ目は100万の位，3つ目は10億です。英米では，3桁ごとに位取りが上がりますので，大きな数字を読みやすくするために，3桁ごとにつけるのです。英語で千はサウザンド（thousand），100万はミリオン（million），10億はビリオン（billion）です。カンマが打ってあれば，数字はすぐ読めるのです。
　　　日本では，万，億，兆と，4桁ごとに位取りが上がるので，4桁ごとにカンマを打てばすぐに読めますが，3桁ごとにカンマを打たれても読めません。数字の表記にも国際標準（英米式）を使っているのですが，不便なだけですね。

　企業活動はいつ終わるともなく，継続して行われます。こうして**継続的に営まれる経営を，ゴーイング・コンサーン**といいます。ゴーイング・コンサーンでは，企業活動に切れ目がありませんから，経営がうまくいっているかどうか，今，資産がいくらあるかなどを知るために，一定の時間的な区切りをつけて，**経営成績**や**財政状態**を調べる必要があります。

　この時間的な区切りを，**会計期間**または**会計年度**といいます。多くの企業は，4月1日から9月末までと，10月1日から翌年の3月末までの

2つの会計期間を使っています。4月に始まる期間を**上期**、10月に始まる期間を**下期**といいます。期の始まりの日を**期首**、終わりの日を**期末**といいます。

上期も下期も、その期の終わり（期末）に**決算**（詳しいことは後で書きます）という作業を行います。そのために、各期の期末を**決算日**といいます。

このように決算は年に2回行いますが、上期の決算は**中間決算**といって経営の途中経過を報告するもので、下期に行われる**年度決算**が1年間の総決算を行うものです。

経営を続けていますと、企業の資産や負債が増減し、またその構成が変化します。たとえば、商品を仕入れて販売したり、銀行からお金を借りたり、従業員に給料を支払ったり、あらゆる企業活動は資産や負債の変動をともないます。企業活動の結果によっては、資産や負債の増減だけではなく、その両者の差額である資本が増減することもあります。

先の、横浜商店の例を見てみます。1月1日の貸借対照表では、資本金は¥2,400,000でした。その後、営業を続け、期末（12月31日）になって資産と負債を調べたところ、つぎのようになっていたとします。

| 現　　金 | ¥100,000 | 商　　品 | ¥ 200,000 | 銀行預金 | ¥300,000 |
| 土　　地 | ¥800,000 | 建　　物 | ¥1,600,000 | 借入金 | ¥500,000 |

資産の合計はいくらでしょうか。借入金以外はすべて資産ですから、その合計は、¥3,000,000です。これから負債（借入金¥500,000）を差し引きますと、資本金は¥2,500,000となります。

期首の資本は¥2,400,000でしたから、この1年間で¥100,000だけ資本が増加したことがわかります。期首の資本よりも期末の資本が大きくなった場合、その差額を**純利益**または**当期純利益**といい、逆に小さくなっていればその差額を**純損失**または**当期純損失**といいます。純利益と

純損失をまとめて**「純損益」**ともいいます。

> 期末資本－期首資本＝当期純利益（マイナスなら当期純損失）

期末に貸借対照表を作るときには、この純利益または純損失を、期首の資本と区別して表示します。

貸 借 対 照 表

横浜商店　　　　　　平成○年12月31日　　　　　　　（単位：円）

資　　　産	金　　額	負債および資本	金　　額
現　　　　　金	100,000	借　入　金	500,000
銀 行 預 金	300,000	資　本　金	2,400,000
商　　　品	200,000	当 期 純 利 益	100,000
土　　　　　地	800,000		
建　　　　　物	1,600,000		
	3,000,000		3,000,000

損益計算書と経営成績

以上の話からは、横浜商店が1年間で¥100,000の利益を上げたということはわかるのですが、この純利益をどのような企業活動によって手に入れたのかまではわかりません。そこで、純利益の額を知るだけではなく、**純利益の発生原因**なり**発生のプロセス**を明らかにする必要があります。

上では、資産から負債を差し引いて資本を計算し、期首と期末の資本を比較して純利益を出しましたが、当期純利益は収益と費用を比べても

計算できます。

$$\text{収 益} - \text{費 用} = \text{当期純利益}$$

ここで**収益**とは，企業の営業活動によって資本を増加させる要因であり，たとえば，**商品売買益，受取利息，受取手数料**などをいいます。また**費用**は，企業の営業活動によって資本を減少させる要因で，たとえば，**給料，旅費，支払利息**などをいいます。

今，横浜商店の今年の収益と費用がつぎのとおりであったとします。

(収　益)	商品売買益	¥230,000	受取利息	¥30,000
(費　用)	給　料	¥80,000	通信費	¥20,000
	支払利息	¥60,000		

収益の合計（¥260,000）から費用の合計（¥160,000）を差し引くと，当期純利益（¥100,000）が計算できます。この金額は，貸借対照表で計算した額と一致します。

収益と費用は，当期純損益（純利益か純損失）を発生させる要因ですから，これらを一覧表示すれば，企業活動の状況（経営成績）がよく把握できます。貸借対照表（バランスシート）と同じように，一枚の紙の上に収益と費用を分けて記載し，当期純損益を示した表を，**損益計算書**といいます。英語で，Profit and Loss Statement というところから，頭文字を取って，**ピー・エル**とも呼んでいます。書くときは，P／Lと書きます。横浜商店のP／Lを作ってみます。

損益計算書

横浜商店　平成○年1月1日から平成○年12月31日まで　（単位：円）

費用	金額	収益	金額
給　　　料	80,000	商品売買益	230,000
通　信　費	20,000	受取利息	30,000
支払利息	60,000		
当期純利益	100,000		
	260,000		260,000

貸借対照表と損益計算書の関係

　当期純利益は，貸借対照表から見ますと，1年間における資本の増加分です。損益計算書から見ますと，資本の増加と減少の原因となる収益と費用の差額です。

　ですから，当期純利益の額は，つぎの式が示すように，資本の側からでも収益と費用の側からでも，どちらからでも計算できます。

　　期末資本－期首資本＝当期純利益……………(1)
　　収　益－費　用＝当期純利益……………………(2)

(1)式の，期首資本と期末資本はつぎのようにして求めました。

　　期首資産－期首負債＝期首資本………………(3)
　　期末資産－期末負債＝期末資本………………(4)

　この(1)式に，この(4)式の左辺を代入しますと，

> (期末資産－期末負債)－期首資本＝当期純利益

となり，これを変形すると，つぎのようになります。

> 期末資産＝期末負債＋期首資本＋当期純利益……(5)

この(5)式をよく見てください。(5)式からわかることは，期末の資産が，期末の負債と，期首からあった資本と，その期の当期純利益の合計に等しいということです。この(5)式を，一覧表にしたのが，上に示した期末貸借対照表です。

以上のことから，貸借対照表と損益計算書は，つぎのような関係になっていることがわかると思います。

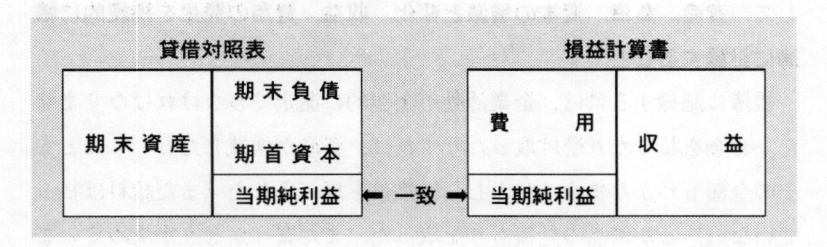

貸借対照表		損益計算書	
	期末負債	費用	収益
期末資産	期首資本		
	当期純利益 ← 一致 → 当期純利益		

ところで，よく見ると，貸借対照表では当期純利益が右側に出ていますが，損益計算書では左側に出ています。どうして2つの計算書で反対側に出るのでしょうか。そうしたことが疑問になったら，是非，簿記の本を読んでみてください。こんなところに，簿記の秘密があるのです。

なお，上で述べましたように，簿記や会計では，**左側のことを「借方」，右側のことを「貸方」**と呼びます。昔は，貸すとか借りるという意味もあったのですが，今では，単に「借方＝左側」，「貸方＝右側」という意味です。

> **専門用語を覚えよう！**
>
> 　会計や簿記では，**借方・貸方**という用語を使います。しかし，「借りる」とか「貸す」という意味は今はありません。
> - **借　方**──仕訳や帳簿の，左側のこと。B／Sなら「資産」，P／Lなら費用を表します。
> - **貸　方**──仕訳や帳簿の右側のこと。B／Sなら負債と資本，P／Lなら収益を表します。

◢ 簿記の締めくくり──決算

　簿記の仕事は，2つあります。一つは，日々の企業活動を正しく把握して，**資産，負債，資本の増減と変化，収益，費用の発生を継続的に帳簿に記録する**ことです。

　帳簿に記録するには，企業活動が金額的に測定できなければなりません。お金を払ったり受け取ったりすれば，資産が増減したということもその金額もわかります。しかし，従業員を雇い入れた（まだ給料は払っていない）とか備品の見積もりを取った（まだ買うかどうか決めていない）といった場合には，資産や負債が増減したわけでもなく，収益や費用も発生していません。

　簿記では，資産・負債・資本・収益・費用のいずれかが変化して，かつその金額がわかる場合は帳簿に記録しますが，それ以外のときは帳簿には記録しません。こうした帳簿に記録されることがらを「**取引**」と呼びます。

　日常の会話では，誰かと誰かが商品などを売り買いすることや，土地や建物を賃貸借することなどを「取引」といいますが，簿記や会計では少し違った意味で使います。

簿記や会計では，何が原因であれ，**資産・負債・資本・収益・費用に変化をもたらすことであれば**，すべて**取引**と呼びます。そうした変化の生じないことは取引には含めません。

たとえば，店に泥棒が入って金庫の中に入っていたお金を盗まれたとしましょう。日常の会話では，「泥棒と取り引きした」とはいいませんが，簿記では，現金という資産が減少したので，「取引」と考えて，帳簿に記録します。

不幸にして倉庫を火事でなくしたとします。この場合も，日常会話では「取引」とはいいませんが，簿記では倉庫という資産を失ったのですから「取引」と考えて，帳簿に記録します。

土地や建物を借りる契約をしたとか従業員と雇用契約を結んだというようなことは，日常会話では取引に入りますが，簿記や会計では取引とはいいません。なぜなら，資産・負債・資本・収益・費用に変化をもたらさないからです。もちろん，こうした契約でも，土地の賃貸料を受け取ったとか従業員に給料を払ったという場合には，資産の増減をもたらしますから，取引になります。

簿記上の取引		
建物の焼失 盗難・紛失など	現金の貸し借り 商品の売買など	土地や建物の賃貸借
	日常用語としての取引	

普段は何気なく使っている「取引」という言葉ですが，簿記や会計では，上に述べたような特殊な意味で使います。どうですか，このことを知っただけでも，どこか会計がわかりかけてきたような気がしませんか。

CHAPTER 3
決算書はどうやって作るのか

■ 簿記のもう一つの仕事——決算書の作成

　では，簿記の2番目の仕事は何でしょうか。それは，上に書いたような日常の記録をもとに，期末に，その期間の損益を計算し，かつ期末の**資産・負債・資本**の状態（**財政状態**）を明らかにすることです。

　このために，先に紹介したような**貸借対照表**と**損益計算書**が作成されます。この2つの計算書をあわせて「**財務諸表**」または「**決算書**」といいます。また，こうした財務諸表を作成するために期末に行われる帳簿の記録の整理などを「**決算**」といい，期末の日を「**決算日**」といいます。このことはすでに述べました。

　決算では，帳簿上記録されている資産がすべて実在しているかどうかを調査（**実査**。商品の場合は**棚卸し**という）し，建物や機械などの固定資産を所有している場合は，所有している期間に生じた価値の減少分（**減価償却費**）を計算し，期末までに回収できなかった売掛金や受取手形のうち回収が不可能と見込まれる部分については予想の損失（**貸倒引**

当金繰入)を計算する、といった作業が行われます。

さらに、保有している商品が陳腐化していたり流行遅れになれば、そうした損失も計算し、持っている有価証券の時価が**帳簿価額（簿価）**よりも下がっていれば時価まで**評価損**を計上し、金庫の中にある現金と帳簿上の現金が一致しているかどうかを確認し、などなどの作業が行われます。

決算とは、こうした作業を総称したものですが、もう少し詳しいことを後で紹介します。

決算書を作るルールと監査——商法・証券取引法・企業会計原則

今日の大企業は、生命保険会社（大手は相互会社）を除き、**株式会社**の形態を取っています。株式会社の所有者（オーナー）は**株主**ですが、他にも、債権者、取引先、従業員、消費者、課税当局など、たくさんの**利害関係者**がいます。さらには、これからこの会社と取引を始めようとしている者、この会社の株や社債を買おうとしている将来の投資家もいます。これらの利害関係者は、会社の経営成績や財政状態に強い関心を持っています。

したがって、各会社は、こうした利害関係者のすべてを納得させるような、公正かつ適正な会計処理・報告をする必要があります。わが国では、**商法**，**証券取引法**などが、こうした利害関係者の要望に応えて、決算期ごとに決算書（財務諸表）を公表することを義務づけています。

しかし、もし、開示された財務諸表が虚偽の内容を含んでいたり、不適切な判断の下に作成されたものであったなら、その財務諸表は**真実な経営成績・真実な財務状態（財政状態）**を示さないでしょう。

そこで、どうすれば真実な経営成績や財務状態を示すことができるか、公正で適正な会計処理をするにはどうすればよいか、などを明らかにした基準（会計のルール）を決める必要が生じるのです。こうして決められたのが、**商法の計算規定**、**財務諸表等規則**、**企業会計原則**などの会計ルールです。

以下、こうした会計ルールの目的や適用対象について、少し詳しい話をします。

商法会計の目的──なぜ、債権者を保護するのか

わが国には、会社が240万社ほどあります。そのうち、株式会社と有限会社はそれぞれ120万社弱、合名会社と合資会社が3.6万社ほどあります。

資本金を基準としてみますと、1億円未満の会社が233万社ですから、日本の企業は、ほとんどが中小企業だということになります。資本金が1億円を超える会社は約3.3万社、そのうち、**証券取引所に上場している大企業**は、2,700社ほどです。

会社組織ではない企業もたくさんあります。生活協同組合（生協）や農業協同組合（農協）のような組合組織、個人が営む事業もあります。

いかなる**企業形態**をとっても、資金を使って事業を営む以上は、**資金の運用状況**や**資金の運用効率**を知る必要があります。会計の用語を使っていいますと、**経営成績**と**財政状態**です。

個人で事業を営んでいる場合や、自分が会社の経営者である場合は、会計情報を入手するのにさしたる問題はありません。**内部統制組織**を確立して、下部組織から必要な情報を適時に入手するように工夫すればよいのです。

ところが，自分が大きな会社の株主や債権者であったり，これから会社の株式や社債を買おうとしている場合には，会社の情報を手に入れる道は，かなり狭いのです。

株式会社の場合，一般の投資大衆から小口の資金を集めて大口の資本とし，大規模な事業を展開することが可能です。そうした会社の場合には，**経営に直接に関与しない**株主（これを**不在株主**といいます）がたくさんいます。この人たちは，自分が出資した資金がどのように運用され，どのような成果が上がり，その結果，どれだけの配当がもらえるかを知る権利があります。

そうした情報が公開されることを前提として，投資活動が行われているといったほうがいいのかもしれません。

多数の，経営に直接タッチしない投資家から資金を集め，それを元手として事業を行う経営者の立場からは，預託された資金を，どのように活用し，それからどれだけの成果を上げたかを，**資金提供者に継続的に報告する義務**があります。

こうして**資金の提供者に対して直接的に会計情報の伝達**を行うことを「**会計報告**」といいます。また，将来，新株や社債を発行して新たな資金を集めるときのために，**潜在的な資金提供者**（将来の投資家）に対しても，企業の活動状況を知らせておく必要があります。こうした，資金の提供者（**現在および将来の投資家**）と**資金運用を受託する経営者**との間で行われる**情報の一般的な公開**を，**企業内容の開示**とか，**ディスクロージャー**といいます。ディスクロージャーについては，後で詳しく述べることにします。

株式会社の所有者（出資者）は株主です。ただし，株式会社には，貸付金の形で資金を提供したり，売掛金などの債権をもったりする人もいます。こうした立場の人たちを**債権者**といいます。また，株主や債権者をまとめて，**利害関係者**ということもあります。

商法には，かなり詳しい会計規定が盛り込まれています。商法に盛り込まれている会計規制は，**「債権者保護」**を目的としているといわれています。商法は，誰から，何の目的で債権者を保護しようとするのでしょうか。

株式会社の場合，**株主総会**を最高位の意思決定機関としており，債権者が意思決定に参加することはありません。したがって，場合によっては，株主総会が，債権者にとって不都合な決定をすることも考えられます。

たとえば，儲けてもいないのに利益を計上（**架空利益の計上**）して配当したり，繰延資産を無条件に計上（**資産の水増し・費用の非計上**）したり，固定資産の減価償却をしなかったり（これも資産の水増し・費用の非計上になる）すれば，会社の資産が貸借対照表に記載される金額より少なくなります。これでは債権者は，貸借対照表を信用して資金を貸すことはできませんし，あるいは，貸したお金の**担保**（**返済財源**）が貸借対照表に記載されている資産よりも少なくなってしまうでしょう。

その会社には10億円の純資産があるから安心だと考えて資金を貸したところ，株主が勝手に「**たこ配当**」したり費用を計上しなかったりすれば，債権者の債権に対する担保（会社が負債を支払う財源）が減少してしまうのです。

そこで商法では，株主の自分勝手な意思決定から**債権者の利益（債権）**を守るために規制を設けるのです。**実現した利益からしか配当してはならない**とか，**「たこ配当」をしてはならない**とか，**規則的に減価償却をすること**，などを規定しているのです。

商法の会計規定は，債権者（の権利）保護を基本的な目的としているといわれています。しかし，その規定を細かく見てみますと，会社の健全経営とか永続的経営，すなわち，**会社が財務（資金繰りや財産保全）と経理（損益計算）の両面で健全性を維持することを求める規定**も少な

CHAPTER 3 決算書はどうやって作るのか ◆——— 69

くありません。そういう面を考えますと，今日の商法は，債権者保護にとどまらず，会社に対して健全な経営と経理を求めることが目的となっているといえるようです。

> **専門用語を覚えよう！**
>
> 「たこが配当」するって何だろう
> 　たこは，獲物を捕れなくて腹を空かしたときは，自分の足を食べるといわれています。会社も，株主に配当する利益がないにもかかわらず無理をして配当することがありますが，それはわが身である資本から配当することになるので，これを「たこ配当」と呼んでいます。商法違反です。

商法のディスクロージャー規定

株式会社の場合，その規模の大小に関係なく，**商法の開示（ディスクロージャー）規定**が適用されます。たとえば，株式会社は，決算期ごとの**計算書類**（財務諸表とほぼ同じ）を，本店に5年間，支店に3年間備え置いて，**株主および債権者の閲覧**に供さなければなりません（商法第282条）。

また，定時株主総会の招集通知には計算書類を添付（てんぷ）しなければなりません（商法第283条の2）。さらに，発行済株式の100分の3以上を所有する株主には，**会社の帳簿および書類を閲覧する権利**が与えられています（商法第293条の6）。

これらの開示制度は，株主，債権者（たとえば，その会社の社債を購入した人，銀行・保険会社などの貸付金がある者，売掛金や受取手形をもっている取引先など）を対象としたものです。商法では，株主でも債権者でもない人たちに，計算書類を閲覧する権利を与えてはいません。

すでに会社との間に利害関係が生じている人たちには、このように**会計情報を受け取る権利**があるのですが、これからこの会社と取引を始めようとしたり、この会社の株式や社債を買おうとしたりする人たちは、その会社の会計情報を入手する道はかなり狭いのです。

そこで、商法では、会社に対して、**貸借対照表またはその要旨を「公告」**(「広告」ではありません) することを要求しています (商法第283条の3)。**大規模会社の場合は、損益計算書またはその要旨も公告**しなければなりません (商法特例法第16条第2・3項)。近く商法が改正されて、大会社の場合は、**連結計算書類**(連結貸借対照表と連結損益計算書) またはその要旨も公告するようになることが予定されています。

■ **商法によるディスクロージャー**

```
すべての株式会社――計算書類等を本支店に備置→株主・債権者の閲覧に
              供す (商第282条)
              貸借対照表またはその要旨を「公告」(商第283条第
              3項)
大　会　社――（上記に加え）損益計算書またはその要旨も「公告」
              (商特第16条第2・3項)
```

「公告」とは、上に書きましたように、**官報**や日本経済新聞のような**全国紙に有料の記事を掲載**するか、会社のホームページ上で決算書の概要を公開することをいいます。毎年、6月末になりますと、日本経済新聞に「決算公告特集」が掲載されます。47頁に、決算公告の実例を示しておきました。

この**公告制度**には、重要な問題が2つあります。一つは、実例を見ればわかりますように、情報が少なく、投資家や取引を始めようとする人たちにとって、あまり役に立たないことです。大規模会社の場合には、**公認会計士または監査法人の監査**を受けていますが、その他の、大多数

の会社の場合は，会計監査とか検査を受けることが要求されていませんから，**公告した情報の信頼性**が低いという問題もあります。

もう一つの問題は，商法の要求どおりに決算公告を行っている会社は，実は，1％にも満たないということです。上に述べましたように，わが国には株式会社が120万社もあります。実際に新聞紙上や官報で公告している会社は，4,000社程度しかありません。ただし，この問題は，公告を電磁的方法（ホームページなどでの公開）によって行うことが認められるようになりましたので，改善されるかも知れません。

なお，商法では，株式会社の会計について大まかな規定しか設けず，細かな規定は「**商法施行規則**」という省令に委ねています。この規則は，すべての株式会社に適用されます。

つぎに，**証券取引法**の会計目的について話をします。

証券取引法会計の目的——なぜ，投資者を保護するのか

証券取引法は，証券市場の健全な育成・運営と投資意思決定に必要な情報が提供されるために必要な制度を定めたものです。「**証取法**（しょうとりほう）」と略して呼ばれることがあります。

商法が「**債権者保護**」を目的としているのに対して，**証券取引法は，より広く，「投資者保護」**を目的としています。大陸法系の商法には，債権者保護という目的は明示されていませんが，コモン・ロー系の証券取引法には，その第1条に「この法律は，国民経済の適切な運営及び投資者の保護に資するため……」と，その目的が明示されています。

証券取引法の会計規定が適用されるのは，**証券取引所に上場している会社**など，ほぼ大規模会社です。

大規模会社の場合，巨額の資金を必要とすることから，株式（株券，

すなわち，会社の所有権を示す有価証券）を多数の一般投資者に販売して資金を集めます。

こうして株主となった者は，多くの場合，全国・全世界に散らばっていたり，一人当たりの投資の額が小さかったり，経営そのものには関心がない人たちです。彼らは，通常，会社の経営には参加せず，**株主としての権利と利益**（議決権とか**利益配当請求権**）だけを求めるのです。こうした経営にタッチしない株主を「**不在株主**」といいます。

ところで，今，余裕資金があって，どこかの会社に投資（株式を購入）したいと考えている人がいるとしましょう。どのような情報があれば，投資先を選定できるでしょうか。株式投資には，会計情報に限ってみましても，その会社の**収益性・安全性・生産性・将来性**など，多面的な情報を必要とします。そうした情報が提供されない限り，投資者は安心して投資先を決められないのです。

最近のように企業活動における規制を緩和しますと，企業活動に関する情報の公開を強化しなければ，投資者は適切な意思決定ができなくなります。規制緩和の時代に，会計規制が強化されるのは，このためです。

専門用語を覚えよう！

- **証券取引所**──会社が発行する株式を売買するところで，証券会社が会員となって組織しています。東京，大阪，名古屋，福岡，札幌にあり，約2,700社が上場しています。
- **上　　　場**──一定の資格を持つ株式で，証券取引所で売買することを認められることをいいます。上場した株を「**上場銘柄**」といいます。
- **不 在 株 主**──株主は会社のオーナーですが，現在の株式会社には非常に多数の株主がいて，ほとんどの株主は，会社の経営にタッチせず，株価の変動とか配当を受け取ることにしか関心を持ちません。こうした経営に関与しない株主のことを「**不在株主**」といいます。

こうした工夫をして，一般の投資家が安心して証券投資ができるようにしようというのです。この話は，後でもう少し詳しく書きます。

証券取引法のディスクロージャー規定

この法律は，会社に対して，投資者の意思決定に必要な情報を十分に提供させることを目的としているために，「**開示法（ディスクロージャー法）**」として定められています。

すなわち，本法では**会計に関する実質的な規定**（たとえば，利益計算，資産評価，原価配分などの規定）は置かず，**会計情報の公開の仕方（主に，財務諸表のひな形）**に関する規定を置くにとどめているのです。具体的な規定は，証券取引法ではなく，その細則に当たる「**財務諸表等規則（財規）**」という総理布令に定められています。

■ 証取法のディスクロージャー

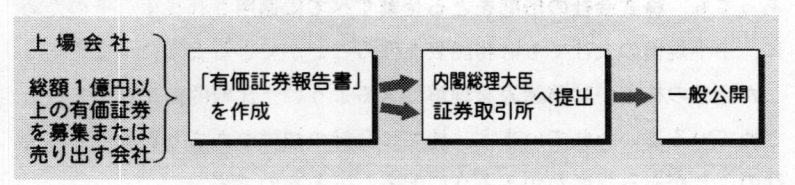

```
上場会社
総額1億円以       「有価証券報告書」    内閣総理大臣      一般公開
上の有価証券  →   を作成          →   証券取引所   →  
を募集または                          へ提出
売り出す会社
```

財務諸表等規則

証券取引法が適用されるのは，証券取引法が適用されるような大規模会社です。そうした会社を「**証取法適用会社**」といいます。

証取法適用会社は，毎期，「**有価証券報告書**」という会社の経営・決

算の内容を詳細に記載した報告書を作成して，これを内閣総理大臣と証券取引所に提出しなければなりません。こうして提出された報告書は，証券取引所や金融庁で閲覧することができますし，「**有価証券報告書総覧**」という名で市販もされています。

　財務諸表等規則は，この有価証券報告書に収容される財務諸表の作成方法などを定めたものです。この規則は，大規模な，国民経済に大きな影響を与えるような会社に適用されるため，かなり詳細で，また，この規則の取扱いに関して「**財務諸表等規則ガイドライン**」が定められています。

　商法にも，株式会社の**財務諸表**（商法では**計算書類**という）については，その公開の仕方を定めた細則（法務省令）があります。「**商法施行規則**」といいます。「**財規**」と「**施行規則**」では，かなり規定の内容が異なります。それはなぜでしょうか。

　商法施行規則は，**ソニー**や**トヨタ**などの世界に知られた巨大会社をはじめ，街角の電器屋さん，町はずれの鋳物工場など，株主は少人数であっても，**株式会社の形態をとる企業すべてに適用**されます。そのために，中小規模の会社でも財務諸表を作ることができるように，またそうした会社の株主が財務諸表を理解できるように，比較的簡素な規定にとどめているといわれています。株主に会計の知識があまりなくても，会社のことがある程度わかるように配慮してあるのです。

　それに対して，**財規**は，**証券取引所に上場**しているような大規模会社だけを対象としています。そうした会社にはきわめて多数の投資者が，全国・全世界に散在しています。現在の株主だけではなく，これからこの会社の株を買おうかと考えている**潜在的な投資者**もいます。投資額も巨額にのぼるでしょう。そのために，財規の規定は，計規よりも，より細かく，また，ある程度の専門知識があることを前提にして財務諸表が作成されるように規定されているのです。商法施行規則と財規（証券取

引法）という2つの省令は，それぞれ，**財務諸表を作成する会社の規模**と，その**財務諸表を読む投資者の会計知識**の違いを考慮して，違った規定を設けているのです。

確定決算基準

すでに法人税法では**確定決算主義**が採られていると書きました。法人の決算は，その**計算書類（財務諸表）が株主総会において承認**されることによって確定します。税法では，そこで**確定した決算書に書かれている利益額を企業所得**とみなし，これをベースにして**課税所得を計算**します。企業が負担する税金の計算が，商法の会計規定に大きく依存しているのです。

少し具体的に述べてみますと，課税所得を計算する際，収益，費用，損失，資産，負債などを処理する方法として，**一般に公正妥当と認められた基準**がいくつか存在することがあります。こうした場合には，**商法上の決算において採用した方法を，税務上も採用**しなければならないことになっているのです。

たとえば，**商法決算上**，在庫の評価方法として後入先出法を使っているとすれば，**課税所得の計算上も後入先出法を採用**しなければならないのです。割賦基準や工事進行基準の採用についても同様です。また，減価償却費や資産の評価損などは，商法決算において費用計上されていなければ，税務計算上も損金（費用）に算入することはできません。

こうした税法の要件は，**配当可能利益（商法）の計算と課税所得（税法）の計算とを結びつける**ことによって，法人の経理負担を小さくすることと，もう一つ，**不当な税の回避をさせない**ことにねらいがあります。

もしも，商法上の配当可能利益の計算と課税所得の計算に，それぞれ

まったく違った処理方法を使ってもよいとなりますと，一部の企業（ほとんどの企業かも知れませんが）は，**商法上はもっとも利益が大きく計算される方法**を採用し，他方で，**税務計算上は，もっとも所得が小さくなる処理方法**を採用するおそれがあるのです。場合によっては，**確定決算において巨額の利益を報告**しながら，**税務上は赤字を報告**するということもありうるでしょう。

もし，商法と税法で，違った方法を使えるとしたら，企業はどういう選択をするでしょうか。たとえば，よく知られていますように，固定資産について**定額法**を採用すれば，償却の初期においては**定率法**よりも償却費が少なくて済みます。定率法を採用すれば，初期においては，償却費が大きく計算されます。そこで，**商法上は定額法を採用して費用負担を軽くし**，**税務上は定率法を採用して損金を大きく計上する**という経理が行われかねません。

また，棚卸資産の評価法には，**先入先出法**（さきいれさきだしほう）や**後入先出法**（あといれさきだしほう），**平均法**などがあります。**価格の上昇期に後入先出法を採用**すれば売上原価が大きく計算され，**先入先出法では小さく計算されます**。そこで，**商法上は後入先出法，税務計算では先入先出法を採用する**という選択が行われるでしょう。

> **専門用語を覚えよう！**
>
> - **定　額　法**——固定資産の価値は，毎期，一定額ずつ減少すると仮定して減価償却費を計算する方法。建物やトラックのように，機能的な減価が少ない資産に適しています。
> - **定　率　法**——固定資産の価値が，毎期，一定率ずつ減少すると仮定して減価償却費を計算する方法。機械や乗用車のように，使用し始めた初期の段階で大きな価値の減少が見込まれる資産に適しています。

CHAPTER 3　決算書はどうやって作るのか

> **専門用語を覚えよう！**
>
> 　同じ種類の商品であっても，仕入れた日が違うと仕入単価も違います。そこで，売れた商品と売れ残った商品を区別するために，つぎのような商品の流れを仮定します。
> - **先入先出法**──先に仕入れた商品が先に売れたことにします。ほとんどの商品はこうした流れ方をします。
> - **後入先出法**──最後に仕入れた商品から先に売れると仮定します。建設に使う砂のように，在庫の上に仕入れたものを上積みすると，後入先出の流れになります。
> - **平　均　法**──先に仕入れた商品と後から仕入れた商品がミックスされて売られると仮定する方法。石油や液体の原料などはこうした流れ方をします。

　長期の請負(うけおい)工事の場合は，**商法上は工事進行基準**を使って当期に帰属する利益を計上し，**税務上は，工事完成基準**を使って利益の計上を後期に繰り延べることができます。

　一般論として，経営者も株主も，**経営者の業績指標としての利益，配当の財源としての利益**は大きいければ大きいほどよいと考えます。他方で，**課税の対象となる所得**は，小さければ小さいほどよいと考えるでしょう。つまり，商法計算では利益を大きく，税務計算では所得を小さくしたいのです。

　税法の確定決算主義は，こうした企業の身勝手な計算を許さない仕組みです。**商法上，利益を大きく計上した企業には，税務上も所得を大きく計算**するようにして，それに応じた税を負担してもらおうというのです。この目的にとっては，商法に税法がぶら下がっている構造は，実に効果的です。

　このシステムは，うまく機能すれば，大きな利益を計上したいという願望と，税金を少なくしたいという希望とを，うまくバランスさせるこ

とができます。配当利益を大きくしたいと考える企業は，それに応じた税を負担しなければならないし，逆に，税負担を小さくしたいと考える企業は，報告する配当可能利益も小さくすることで我慢しなければならないのです。

■ 企業会計原則

　すでに述べましたように，**商法は「債権者保護」を目的**とし，**証券取引法は「投資家保護」を目的**としています。それぞれの法は，法の目的を達成するのに必要なことだけを規定しています。

　そのため，商法の規定だけで会計（記録，計算，決算）を行うことはできません。企業活動を記録・計算して，決算まで行うにはそのほかにもさまざまなルールが必要です。言い換えますと，商法や証券取引法は，そうしたさまざまなルールが別にあることを前提にして，それぞれの法目的を達成するための規定を補足的・追加的に定めているのです。

　たとえば商法では，「**商業帳簿**」を作成するときには「**公正なる会計慣行**」を「**斟酌**（しんしゃく）」（十分に配慮すること）すべきことを規定していますが，この「公正なる会計慣行」としては，**企業会計原則**という名のルールブックが代表的なものと考えられています。

　企業会計原則は，企業会計の実務において慣習として発達したものの中から「一般に公正妥当」と認められたものを要約して，会計処理や会計報告の基準としてまとめたものです。英米ではこれを，「**一般に認められた会計原則**」，英語で，「**ＧＡＡＰ**（ギャップ）（generally accepted accounting principles）」と呼んでいます。

　企業会計原則は，法令ではありません。英米法の世界でいう「コモンロー」に近いもので，会計に関する一般的規範とみなされています。

先に書きましたように，商法は，会計に関しては債権者を保護する立場からの規定を置いています。具体的には，債権者の権利を害さないように，株主（株式会社の所有者）に配当したり経営者の報酬に充てることができる「**処分可能利益**」をどのようにして計算するかを定めています。そのために，会計の基本原則とか，資産や負債の評価に関する詳細な規定などは法に規定せず，企業会計原則などの「公正な会計慣行」に委ねているのです。

したがって，会計の基本的な原則，資産や負債の評価規定，収益や費用の計算原則などを知るには，企業会計原則を読まなければなりません。

ここでは，企業会計原則の詳細を述べるだけのスペースがありませんので，企業会計原則に定められている基本的・一般的な原則（これを，**一般原則**といいます）のうち，もっとも重要なものを3つ，紹介します。いずれの原則も，会計の考え方を知るうえできわめて重要なものですが，「原則」といった性格のものではなく，近代会計の考え方とか会計の目的をシンボリックに表明したものです。

■ 真実性の原則

企業会計原則の冒頭に書かれている原則です。

「企業会計は，企業の財政状態及び経営成績に関して，真実な報告を提供するものでなければならない。」

この文言を，一般に，「**真実性の原則**」と呼んでいます。簡単にいいますと，会計報告（決算報告）を行うにあたっては真実を伝えること，うそを言わないこと，を要求しています。

報告書や手紙を書くときの作法としては「本当のことを書く」のは当たり前のことです。あえていうまでもないことですが，そうしたことを

ルールブックの最初に書くのですから，この原則は倫理規定の意味合いが強いといえるでしょう。

ところで，真実を伝えることはそう簡単ではありません。何をもって真実とみるかは，国により，人により，時代によって異なるからです。「東京の大学に合格した」というのと「東京大学に合格した」ではまるで意味が違いますが，東京大学に合格した者にとってはどちらも真実となります。

会計の世界でも，ある面から見たら真実だけれど，見方を変えたら真実でなくなるということがしばしば起こります。そういうときにはどうしたらよいでしょうか。日本ではハッキリしたルールはありませんが，英米では「誰に対してもフェアであること」とか，「真実かつ公正であること」を求めるルールがあります。

継続性の原則

企業会計原則の中に，つぎのようなルールがあります。

「企業会計は，その処理の原則及び手続を毎期継続して適用し，みだりにこれを変更してはならない。」

これを一般に，「**継続性の原則**」といいます。ある会計方法や手続きを採用したら，この方法を毎期継続して適用し，理由なくこれを変更してはならない，というものです。なぜ，こうしたルールが必要なのでしょうか。

今，減価償却のことを考えてみましょう。固定資産の価値の減少を計算する主な方法としては，**定額法**と**定率法**があります。定額法では，固定資産の価値は，毎期，均等額ずつ減少するという仮定の下に減価償却費を計算します。定率法では，償却の初期には多めの減価が発生し，後

期になるにつれて減価が小さくなるという仮定の下に償却費を計算します。

この2つの方法は,非常に長い歴史をもち,どちらが優れているということがいえません。そこで,商法でも企業会計原則でも,企業が減価償却の方法を選択するときには,どちらを選んでもよいとしています。認められた複数の会計方法があって,その方法に優劣がつけられない場合には,自由な選択を認めているのです。

定額法も定率法も,同じ方法を最後まで継続して適用することを要求するのは,**(1)会計数値の期間比較可能性を確保すること**,**(2)経営者の利益操作を排除すること**,を目的としているといわれています。

もし,定額法を採用した企業が,途中で定率法に変更するとすれば,毎期に計上される減価償却費が期間的連続性を保たなくなります。それ以上に重要なのは,なぜ,会計方法を変更するのかです。多くの場合,会計方法を変更するのは,利益数値を「マッサージ」(利益操作)したいからです。そうした恣意的な操作を排除するために,一度採用した会計方法は,正当な理由がない限り,変更を認めないのです。

保守主義の原則

保守主義というのは,政治の世界にも,企業活動にも,日常の家庭生活にも,どこの世界にもあります。「リスクが伴うときには,そのリスクに備えて用心しよう」という姿勢で,一種の生活の知恵です。車を運転していて,カーブの先の見通しが悪いときには誰でも減速します。予約した飛行機や新幹線に乗るときは,少し時間的に余裕を持って出かけるでしょう。いずれも,起こりうるリスクに備えているのです。

企業会計原則にも,そうしたリスクを避けようという姿勢があります。

つぎのように書いてあります。

「企業の財政に不利な影響を及ぼす可能性がある場合には，これに備えて適当に健全な会計処理をしなければならない。」

これを，一般に**「保守主義の原則」**といいます。要するに，会計処理においては，「石橋を叩いて渡れ」ということでしょう。

会計では，見積もりによる計算をしなければならないことがたびたびあります。たとえば，減価償却をとりましても，耐用年数も残存価額も見積もりです。売掛金や貸付金が貸倒れになる場合に備えて設定する「貸倒引当金」も，将来の貸倒れを見積もって金額を決めます。

そうした見積もりの計算をする場合には，**収益や利益が控えめに出るように，費用が多めに出るように保守的な経理をする**ほうが，その逆よりも健全な結果をもたらすといわれています。

必須知識編

決算書の読み方

> 必須知識編では，決算書の作り方と読み方をマスターします。決算書として，ここでは，損益計算書，貸借対照表，の2つを取り上げ，キャッシュ・フロー計算書については「応用知識編」で取り上げます。

CHAPTER 1
損益計算書（P／L）の構造を知る

ピー・エル

■ 損益計算の方法——損益法と財産法

利益を計算する方法には，つぎの2つがあります。ここで「**純資産**」という言葉を使いますが，それは，負債を返済してもなお手許に残る資産という意味です。株式会社であれば，負債を返済しても残る「株主の取り分」ということになります。

> 総資産 － 負　債 ＝ 純資産

> **財産法**——期首にあった純資産と期末の純資産を比べて，増加した分を純利益とする方法。
>
> > 期末純資産－期首純資産＝当期純利益
>
> **損益法**——期間中の収益から費用を差し引いて，その残りを純利益とする方法。
>
> > 当期の収益－当期の費用＝当期純利益

> **専門用語を覚えよう！**
>
> 　ここで「収益」という用語と「利益」という用語が出てきました。似たような言葉ですが，会計ではこの2つの用語をつぎのように使い分けています。
> - 収　益――売上高
> - 利　益――売上高から費用を引いた残り。儲けの額
>
> 　収益は総額を意味する用語で，この額から何か（費用）を差し引いたのが純額としての利益です。利益は，この額から何も引かれないという意味で，純額を表す用語です。
> 　ついでに，費用と損失という用語の違いを説明しておきます。
> - 費　用――収益を上げようとして使ったお金や資源
> - 損　失――盗難や火災による被害のような損害。マイナスの利益

　では，この2つの計算方法の違いを，パチンコの台を例に使って説明しましょう。500円出して100個の玉を借りたとします。パチンコ台には2つのカウンターを取り付けておきます。一つは，打った玉の数を数えるカウンターで，もう一つは，出てきた玉の数を数えるカウンターです。

　ゲームを1時間ほど楽しんだとしましょう。打った玉の数を数えるカウンターから，この1時間に玉を2,000個打ったということがわかったとします。出てくる玉を数えるカウンターを見ますと，2,200個出てきたことがわかるとします。

　打った玉が2,000個で，出てきた玉が2,200個というのですから，玉が200個増えたことが推理できます。このように，**インフロー**（流入量）と**アウトフロー**（流出量）を比較して，どれだけ財産が増えたかを計算するのが**損益法**です。

> 【損益法】　流入量2,200個－流出量2,000個＝増加量200個（利益）

　最初にあった玉は100個でした。ゲームを終えてから手元にある玉を

数えたら，300個ありました。最初の玉と比べると200個増えています。このように，初めと終わりの**ストック**（玉の数）を比較して増加があればそれを利益とするのが，**財産法**です。

> 【財産法】 終りの有高300個－最初の有高100個＝増加200個（利益）

財産法は，実際の財産というストックの増加を確認してこれを利益とするのですから，計算は確実であり，利益の存在を目で確かめることができます。

他方，**損益法**は，ある期間に生じた収益と費用というフロー同士を比較して，アウトフロー（費用）よりもインフロー（収益）が大きければ財産の増加があったはずだとするものですから，利益の存在を観念的・抽象的に確認する方法です。

どちらの方法でも利益を計算することができるのですが，どちらの方法にも長所と欠点があります。損益法は，利益を観念的にしか確認できませんから，フローを計算するカウンターが正確に作動していないと正しい利益を計算することができません。しかし，損益法のデータからは，企業活動がどれだけ活発であったかとか，どういう活動から利益が生まれてきたかといったことがわかるのです。

また，財産法は，利益の存在を目で確かめられるという長所があるのですが，その利益がどういう企業活動からもたらされたか，企業活動は活発であったかというようなことはわかりません。

こうした長所と短所があることから，今日の会計では，フローによる利益計算（損益法）を採用しながらも，その欠点を財産法によって補っています。定期的に在庫を調べたり（「棚卸し」といいます），期末に一部の資産を時価評価するのはそのためです。

損益計算の基準

損益法を使って利益を計算するには、収益と費用を一定の基準に従って測定する必要があります。そうした測定の基準として、つぎのようなものがあります。

● 現 金 主 義

現金の収入があればその期の収益と考え、支出があればその期の費用とする方法を**現金主義**といいます。この方法は、計算の確実性が高く、また、帳簿を付けるにも簡単ですが、収入のすべてが収益になるわけでありませんし、支出がすべて費用となるわけでもありませんので、この方法では、合理的な損益計算ができません。

たとえば、当期の現金収入の中に借入金が入っていたり、現金支出の中に備品の購入代金が入っていたりする場合です。

● 発 生 主 義

ある期間の収益と費用を、いったん現金の収支から離れて、それらが発生しているという事実に基づいて計算する方法を**発生主義**といいます。

この方法では、期末現在でまだ払っていない費用があればこれも費用として計上します。当期の収益の一部が未収となっていれば、これをも当期の収益に計上します。また、当期中に次期の費用を支払っていれば、この前払いした費用を当期の費用から除外したり、当期中に次期の収益を前受けしていればこれも当期の収益から除外します。

今日の会計では、収益と費用を発生主義を基本として計算します。発生主義を基本とすることから、今日の会計を「**発生主義会計**」と呼ぶこともあります。

● **実 現 主 義**

　収益と費用は，前記の**発生主義**に基づいて計上するのが原則ですが，収益については発生という事実を合理的に確認することが困難なことが多いので，さらに制約を設けて，発生した収益のうち**「実現」**したものだけをその期の収益として計上することにしています。これを**実現主義**といいます。

　たとえば，10段階の製造工程を終えると1,000円で売れる製品があったとします。製造に要する原価は各段階で70円かかるとします。それぞれの工程が終わるたびに，100円の収益・30円の利益が発生します。第1段階で収益が100円，利益が30円発生し，第2段階で収益が100円，利益が30円，累計で収益が200円，利益が60円になります。第10段階を終えると，発生した収益は1,000円，利益は300円になります。

　会計では，収益や利益はこうした工程の各段階で少しずつ発生し，雪だるまのように累積して，最終的に販売価格になる，と考えています。**観念的には，利益は製造の各段階で発生する**と理解できても，多くの場合，その収益額や利益額を，工程ごとに客観的に把握することができません。製造の途中で，傷が付いたり壊れたりするものもあります。そのために，会計では，原則として，製造段階ごとに収益や利益を計算せずに，製造が完了して，その製品が販売されたときに計上することにしています。これが**実現主義**という考え方です。

　製造業だけではなく，商品販売業やサービス業でも同じです。商品を仕入れ，これを保管し，必要な装飾をほどこして店舗に並べ，顧客を勧誘して販売に結びつけ，梱包し，これを顧客のところまで配送し，代金を回収するといった，一連の段階を経て商品は販売を終えるのです。

　この各段階で収益も利益も発生すると考えられますが，その各段階でいくらの利益が発生したかを測定することはほとんど不可能です。途中で壊れて売れなくなる商品もあるでしょう。そのために，商品販売業で

も，実際に商品が販売されるまで，つまり商品の販売代金（収益の額）が決まるまで，利益を測定しません。

収益や利益の測定を，製造活動や営業活動の各段階で行いたくても，客観的な測定が困難なこともありますし，途中で商品や製品に傷が付いたり壊れたりして販売までたどり着かないこともあります。そうしたことから，**会計では，最終段階の販売にたどり着くまで，収益や利益を計上しない**のです。最終段階にたどり着いてはじめて，「収益・利益が確実なものになった」，つまり「実現した」と考えるのです。

最終の販売段階にまできていない場合は，収益も利益も確実性が乏しいので，これを「**未実現**」と呼んでいます。収益には「**未実現収益**」，利益の場合は「**未実現利益**」というのです。

■ 費用収益対応の原則

企業の損益を計算するには，期間（たとえば，1年）で区切って，その期間中の収益と，その期間の費用を集計します。

$$\boxed{\text{当期の収益}-\text{当期の費用}=\text{当期の利益}}$$

こうして収益と費用を期間的に対応させて利益を計算する考え方を，**費用収益対応の原則**といいます。ここで「対応」というのは，「比較」の意味です。

損益の種類と区分

　上で述べたように，**損益計算**では，1期間の**収益と費用を対応**させて，つまり，比較して，その期の**利益**を求めます。その場合，収益と費用をまとめて比較するのではなく，収益も費用も，企業活動別に，あるいは，発生源泉別に区分して対応させるならば，収益や利益がどういう活動から生じたものかを知ることができます。

　企業活動は，大きく分けて，3つあります。一つは，本業の活動です。これを「**営業活動**」といいます。本業から生まれた損益は「**営業損益**」といいます。

> 本業の損益＝営業損益

　企業は，本業以外の仕事もします。たとえば，企業活動に必要な資金を調達したり，余裕資金を運用したりします。主に金融活動です。最近の表現を使えば，「財テク」です。こうした本業以外の企業活動から生じる損益を「**営業外損益**」といいます。

> 財テク損益（金融上の損益）＝営業外損益

　本業の損益（営業損益）と財テク損益（営業外損益）を合算した損益は，「**経常損益**」と呼ばれます。いつの期間にも経常的に発生する「期間損益」ということです。「通常の損益」，「平年の損益」を表すもので，「**普段の実力**」といってもいいでしょう。

> 普段の実力＝営業損益±営業外損益＝経常損益

「普段の実力」とは関係のない損益もあります。たとえば，火災による損失とか，盗難による損失，長年にわたって所有していた土地を売却して得た利益などです。こうした，当期の営業活動や財テク活動と関係のない損益は，「**特別損益**」と呼ばれます。

> 臨時・異常な損益＝特別損益

「本業の損益」と「財テクの損益」と「特別損益」を通算しますと，今年の損益（当期純利益）が計算されます。

> 今年の損益＝営業損益±営業外損益±特別損益

以上の損益を，一覧できるようにしたのが，下図です。以下，この区分に従って，もう少し詳しく損益の内容を紹介しましょう。

■ 損益の区分

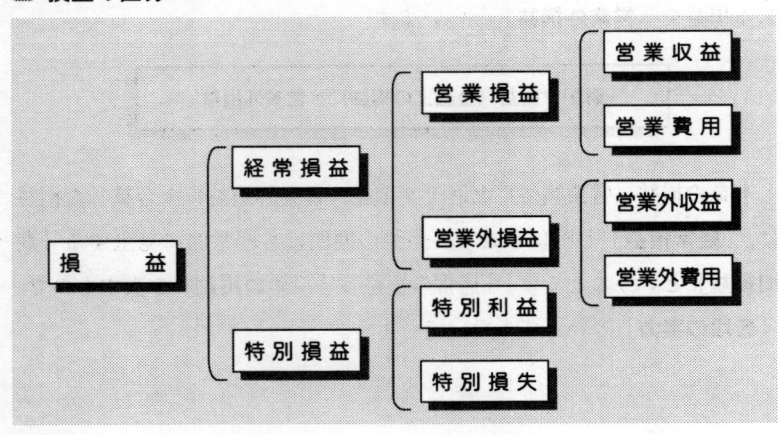

```
                    ┌ 営業損益 ┌ 営業収益
         ┌ 経常損益 ┤         └ 営業費用
損 益 ──┤          └ 営業外損益 ┌ 営業外収益
         │                      └ 営業外費用
         └ 特別損益 ┌ 特別利益
                    └ 特別損失
```

売上総利益と営業損益

　企業が日常的に営む経営活動にともなって発生する収益・費用には，本業の収益・費用（営業収益・営業費用）と，それ以外の，主として財務活動（財テク）の収益・費用（金融収益・金融費用）があります。

> 本業の収益・費用――営業収益・営業費用
> 財テクの損益――営業外収益・営業外費用

　損益計算では，主たる営業活動から生じる収益（通常の企業は，売上高）から，その収益を得るために使った費用（売上原価）を差し引いて，いったん，大ざっぱな利益を計算します。この利益を，経済界の人たちは「粗利益(あら)」とか「荒利」といいます。会計の専門用語では，「売上総利益」といいます。入門の簿記でいう，「商品売買益」のことです。

> 売価（売上高）－仕入れ値（売上原価）＝粗利益

> **専門用語を覚えよう！**
>
> 　「粗利益」は，商品でいいますと，仕入原価と売価の差額です。100円で仕入れた商品を130円で販売すれば，30円の利益が出ます。ただし，この30円という利益から，店の営業費，たとえば，電気代，電話代，店員の給料，包装紙代などを差し引いて，本当の利益が出ます。「粗利益」というのは，商品の売価から仕入代金を差し引いただけの「大ざっぱな利益」ということです。

商品を仕入れて販売したときの利益は，売価（売上高）から仕入れ値を差し引き，さらに，電気代，通信費などの営業費を引かなければなりません。そうして求めた利益が，本業の損益，つまり，**営業損益**です。

$$売価（売上高）-（仕入れ値＋営業費）＝営業利益$$

ここまでの計算を，損益計算書の形で示します。

≪営業損益の計算プロセス≫

損　益　計　算　書	
Ⅰ　売　上　高	100
Ⅱ　売　上　原　価	70
売　上　総　利　益	30　←粗利益
Ⅲ　販売費及び一般管理費	10
営　業　利　益	20　←本業の利益

ここで，「販売費及び一般管理費」とは，つぎのような費用をいいます。**販売費**は，商品・製品を買い手（お得意さん）に引き渡し，代金を回収するまでの費用で，**一般管理費**は，企業活動全般を管理するのにかかる費用です。どちらにも「給料」があります。セールスマンに払う給料は「販売費」に入り，経理マンに払う給料は「一般管理費」に入ります。「給料」といいますと，もらうものというイメージがあるかもしれませんが，企業からいいますと，支払う費用です。払った費用の目的によって，販売費とされたり一般管理費とされたりするのです。

販売費と一般管理費をあわせて，業界の皆さんは「**販管費**（はんかんひ）」と呼んでいます。

CHAPTER 1　損益計算書（P／L）の構造を知る　◆―― 95

> 販　売　費――販売員給料，販売員旅費，販売手数料，荷造運送費，広告費，発送費など
> 一般管理費――役員給料，事務員旅費，通信費，光熱費，消耗品費，修繕費，支払家賃，雑費など

専門用語を覚えよう！

　収益には，「主たる営業活動」から生じるものと「従たる営業活動」から生じるものがあります。前者の代表が，商品や製品の売上高です。クリーニング店ならお客さんから受け取るクリーニング代金が収益です。後者の「従たる営業活動から生じる収益」には，銀行預金の利息，有価証券の売買益などがあります。

　会計で「営業外」というときは，「営業活動以外」という意味ではありません。「本業以外の」「主たる営業活動以外の」という意味で使っています。ですから，「従たる営業活動」という意味なのです。わかりやすくいえば，「金融上の損益」とか「財務活動の損益」です。そのほかの損益もここに入れているということでしたら，「財務活動等の損益」と表示したほうが誤解は少ないでしょう。

　収益，利益，損失，損益という用語も紛らわしいですね。会計では，基本的に，つぎのように使い分けています。

- **収　　益**――売上高のように，総額の概念。これから，売上原価のように差し引く項目がある場合に使います。
- **利　　益**――「純利益」という用語が暗示するように，これ以上差し引くものがない，「最終の利益」という場合に使います。
- **損　　失**――費用が「収益を生むために使った」という性格を持つのに対して，損失は，「収益を生むのに貢献しなかった」という性格をもちます。そうした費用の例としては「電力料」や「通信費」があり，損失の例としては，「火災損失」や「盗難損失」があります。

営業外損益

本業以外の活動から生じる損益を,「**営業外損益**」といいます。「営業外」といいますが,営業活動であることは変わりなく,「(主たる)営業外」という意味です。メインは,つぎに示しますように,資金調達・資金運用(財テク)の収益と費用です。

■ 営業外収益と営業外費用

> 営業外収益────受取利息,有価証券利息,受取配当金,有価証券売却益,仕入割引,雑益など
>
> 営業外費用────支払利息,社債利息,新株発行費償却,有価証券売却損,有価証券評価損,売上割引,雑損など

本業の損益(営業損益)に財テクの損益(営業外損益)を加減したものが,**経常損益**です。上にも述べましたように,「平常の損益」「いつもの損益」「普段の実力」といった意味の損益です。業界の皆さんは,**経常利益**のことを「**ケイツネ**」と呼びます。

ここまでの損益計算を示しますと,つぎのようになります。

≪経常損益の計算≫

	損益計算書		
I	売上高	100	
II	売上原価	70	
	売上総利益	30	←粗利益
III	販売費及び一般管理費	10	
	営業利益	20	←本業の利益
IV	営業外収益	15	
V	営業外費用	10	
	経常利益	25	←今年の平常利益

▍特別損益

　上の損益計算書（途中までしか書いてありません）を見ますと，収益（売上高）から始めて，本業の損益を計算し，財テクの損益を加減して「今年の平常の利益」として**経常利益**を求めています。

　しかし，企業の損益には，今年の損益以外のものもあります。たとえば，長年所有していた土地を売却して利益が出た場合は，その利益は所有していた長期間の利益です。不幸にして火災に遭い損失を被ることもあります。また，過去に減価償却費の計算を間違えて追加の償却費を計上するということもあります。こうした臨時の損益や計算の修正は，「**特別損益**」と呼ばれ，上に掲げた損益計算書の末尾に記載されます。後のほうで，「特別損益」の部分までを示した損益計算書を紹介します。

▍損益計算書（P／L）の作り方

　前にも書きましたが，損益計算書はフロー（資金の流れ）の表です。貸借対照表（バランスシート）はストックという目に見えるものの一覧表ですからわかりやすいのですが，損益計算書はフローという抽象的・観念的なものを表示するために，会計の知識がないと理解しにくいのです。

　そうした事情から，損益計算書を作るには，2つの考え方があります。一つは，あまり専門的な知識がなくても損益計算書が読めるように工夫しようとする考え方で，これを**当期業績主義**といいます。

　もう一つは，投資家，特に株主が一番知りたいこと，つまり，株主に

対する**配当可能利益を計算・表示**しようとする考え方です。これを，**包括主義**といいます。

当期業績主義

当期業績主義の考え方は，当期の損益計算書だけを見れば，その企業の**経常的・平常的な収益力・利益獲得能力**が読めるように工夫して損益計算書を作成するということです。こうした考え方をしますと，損益計算書には，その企業の経常的・平常的な損益だけを記載し，**臨時的な損益**や**異常な損益**を記載しないようにします。

先に掲げた損益計算書（経常利益までのもの）は，こうした考えに基づくものです。

この考え方は，あまり会計に関して詳しい知識を持っていない人でも決算書が読めるようにしようというもので，教育的・啓蒙的な考えにたっています。ただし，ある項目を，当期の収益・費用とするか臨時の項目とするかは，経営者の判断によりますから，ときには損益計算書がゆがめられることもあります。

包括主義

包括主義の考え方は，その期間に発生した損益はもとより，臨時的な損益も異常な損益も，すべてその期の損益計算書に記載して，「**丸はだかの企業実態**」を見せようとするものです。

この場合，損益計算書には，当期に発生した損益だけではなく，過去の利益や過去の損益の修正項目なども含まれます。その結果，損益計算

書には,「今年の通常の利益」ではなく,**「今年の配当可能利益」「今年の処分可能利益」**が表示されます。

包括主義の損益計算書は,すべての損益を計上するのですから,ごまかしが利きません。しかし,逆に,包括主義の損益計算書を見ても,その企業の「経常的・平常的な収益力」「いつもの実力」を読むには,数期間の計算書を比較したり平均を求めたりしなければなりません。専門的な知識を必要とするのです。ややプロ向きといってよいでしょう。

損益計算書の構造

では,私たちが目にする損益計算書は,どちらの考え方を基にして作成されているのでしょうか。現在,わが国で作成されている損益計算書は,**当期業績主義と包括主義を折衷**したものとなっています。当期業績主義の長所を生かしながら,**全体としては包括主義の損益計算書**となっています。

少し詳しく見てみましょう。次頁のひな形(サンプル)は,企業会計原則による損益計算書(当期純利益を計算するところまで)です。わかりやすくするために,金額を入れてあります。

	損 益 計 算 書			
営業損益計算	I　売　上　高		100	当期業績主義
	II　売上原価			
	1　商品期首棚卸高	10		
	2　当期商品仕入高	54		
	3　商品期末棚卸高	12	52	
	売上総利益		48	
	III　販売費及び一般管理費			
	販売手数料	4		
	広告宣伝費	13		
	給料・手当	10		
	減価償却費	6	33	
	営　業　利　益		15	
経常損益計算	IV　営業外収益			包括主義
	受取利息及び割引料	1		
	受取配当金	15	16	
	V　営業外費用			
	支　払　利　息	1		
	有価証券評価損	1	2	
	経　常　利　益		29	
純損益計算	VI　特　別　利　益			
	固定資産売却益		13	
	VII　特　別　損　失			
	為　替　損　失		2	
	税引前当期純利益		40	
	法　人　税　等		20	
	当期純利益		20	

　わが国の企業が作成する損益計算書は，このように本業の損益を計算する「**営業損益計算の区分**」，当期の経常的損益，つまり，普段の実力を示す「**経常損益計算の区分**」，包括主義による損益を計算する「**純損益計算の区分**」という3つの区分から構成されています。

　その企業の主たる営業活動の成果（本業の利益）を最初に示しておき，その損益に，営業外損益（主として財テク損益）を加減して，いったん，

当期業績主義に基づく**「経常利益」**を計算表示します。ここまでが，**当期業績主義に基づく損益計算書**となっています。

損益計算書は，いったん，**当期業績主義の利益**，つまり**「経常利益」**を計算・表示して，その後に，超期間的な損益や臨時異常な損益などを「特別利益・特別損失」という名称で記載し，「税引き前の当期純利益」を計算します。これから法人税等の税金を控除して，最終的に，株主にとっての利益である**「当期純利益」**を計算・表示します。

ここまでが，**包括主義による損益計算書**です。このように，現在使われている損益計算書は，当期業績主義と包括主義をともに取り入れて作成されています。

ところで，損益計算書を見ても，＋や－の記号がついていませんから，何と何を足すのか，何から何を引くのかわかりません。また，ところどころにアンダーラインが引いてあるのですが，それが引いてあるのとないのとで，どう違うのかもわかりません。

大ざっぱにいいますと，アンダーラインが引いてあるところは，足し算か引き算をします。収益や利益の項目なら加え，費用や損失なら引くのです。アンダーラインが引いてあってもその下に金額が書いてないところは，合計額を右に書く約束になっています。上で紹介した損益計算書を使って，どういう計算をするのかを示してみます。矢印（→）は，そこに計算結果を書くことを意味しています。

> **専門用語を覚えよう！**
>
> 「経常利益」の最初の2文字「経常」を重箱読み（最初の文字を音読み，2番目を訓読みすること）して「ケイツネ」と呼びます。業界用語の一つですが，経営者も経理マンもよく使いますので，覚えておくといいでしょう。

損益計算書

Ⅰ	売 上 高		100
Ⅱ	売 上 原 価		
	1　商品期首棚卸高	10	
	2　当期商品仕入高	(＋)54	
	3　商品期末棚卸高	(－)12 ➡	(－)52
	売上総利益		48
Ⅲ	販売費及び一般管理費		
	販売手数料	4	
	広告宣伝費	(＋)13	
	給料・手当	(＋)10	
	減価償却費	(＋) 6 ➡	(－)33
	営 業 利 益		15
Ⅳ	営業外収益		
	受取利息及び割引料	1	
	受取配当金	(＋)15 ➡	(＋)16
Ⅴ	営業外費用		
	支 払 利 息	1	
	有価証券評価損	(＋) 1 ➡	(－) 2
	経 常 利 益		29
Ⅵ	特 別 利 益		
	固定資産売却益		(＋)13
Ⅶ	特 別 損 失		
	為 替 損 失		(－) 2
	税引前当期純利益		40
	法 人 税 等		(－)20
	当期純利益		20

損益計算書のシッポは未処分利益

　本来の損益計算は，その年の利益（当期純利益）を計算するまでが範囲です。ところが，実際に目にする損益計算書は，この後にシッポみたいなものがついています。このシッポの部分は，損益計算ではないのですが，会社が利益を処分するときに必要な情報なのです。
　商法施行規則では，損益計算書においてつぎの項目を記載することを要求しています。

> (1) 前期から繰り越した利益の額
> (2) ある目的のために留保した利益，または，目的のために使おうとして取り崩した利益の額
> (3) 中間配当をした時はその金額とそれにともなって積み立てる利益準備金

　何やら難しげですが，簡単にいいますと，この(1)から(3)で，「**前の年までに貯めた利益のうち今年の利益処分に使える金額**」を計算しようとしているのです。当期純利益にこの金額を足しますと，「**今年の株主に配当したり，経営者に報酬として支払ったりすることができる金額**」がでます。この金額のことを「**当期未処分利益**」といいます。
　では，数字を使って例示してみます。実際には，＋や－の記号はつけませんが，記号があるとどういう計算をするのかがわかりますから，ここでは参考までに記号をつけました。

```
（102ページの損益計算書から続く）
    当期純利益                    20
    前期繰越利益              (＋)22
    中間配当積立金取崩額      (＋)10
    中間配当金                (－)10
    中間配当利益準備金積立額  (－) 1
    当期未処分利益                41
```

■ 損益計算書を読むコツ——活動量を示した損益計算書

損益計算書は，**フローの計算書**です。企業の活動を量的に示しているといえます。

最初に書いてある「**売上高**」は，**販売活動の量**を示しています。この金額を前年と比較したり，となりの会社や競争相手の売上高と比較すれば，去年より増えたとか，となりの会社より多いとかの情報が手に入ります。ただし，その売上げが質のいいものかどうかは，ここではわかりません。後のほうで，「**売上げの質**」を見る方法を紹介します。

営業外収益や営業外費用を見ますと，この会社が資金の調達や運用（財テク）にどれだけ活動したかがわかります。

さらに，損益計算書からは，**経営活動の成果**を読み取ることができます。経営の成果は，端的には利益の大きさで示されますが，今日の損益計算書は，経営の成果を経営活動の種類別に計算・表示しています。この話をつぎにします。

成果を計算する損益計算書

　企業活動には，生産活動，販売活動，管理活動，資金調達や資金運用活動など，いろいろな種類があります。

　この本の最初のほうで書きましたが，企業活動には必ずお金がついて回ります。活動量が増えれば，ついて回るお金も増えます。ですから，企業活動の量を知りたければ，お金の動きを見るとわかります。活動量は時間（労働の時間とか機械の稼働時間）で測ることもできますし，生産数量や販売数量（A製品が何個，B製品が何個）でも測れます。電気の消費量（何万キロワット）とかダイレクトメールの発送量（何万通）などでも活動の量は測れます。

　しかし，こうして測った活動量は，お互いに比較したり，足したり引いたりはできません。さらに困ったことに，こうした物量単位で活動量を把握しても，その活動から生まれる純成果，つまり，利益を計算できないのです。

　そこで，企業は，**すべての活動を金額で測る**のです。販売数量ではなく「売上高」，電気の消費量ではなく「電気代」，ダイレクトメールの発送数量ではなく「通信費」のようにです。そうすることで，企業のいろいろな活動を，お互いに比較したり，足したり引いたり，損益を計算したりすることができるようになります。

　上に書いた各種の企業活動は，それぞれ金額で測定され，集計されて損益計算書に記載されます。それぞれの活動の量とその成果がどのように損益計算書において示されているかを次頁に図示しました。

(販売活動の量)

| 売　上　高 | 100 |

(販売活動の成果)

| 売　上　原　価　60 | 売　上　総　利　益　40 |

(販売活動・一般管理活動の量)　(本業の成果)

| 販売費一般管理費 10 | 営　業　利　益　30 |

(主たる営業以外の活動量)　(平常の成果)

| 営業外損益 5 | 経　常　利　益　25 |

(超期間・臨時の活動量)　(今年の成果)

| 特別損益 2 | 税引前利益　23 |

| 法人税等 11 | 当期純利益 12 |

利益は5種類もある

　102頁の損益計算書（ピー・エル）を，もう一度見てください。左端のほうには必ず，「○○利益」と書いてあります。上から順に，つぎのようになっています。

> 売上総利益　（＝粗利益）
> 営 業 利 益　（＝本業の利益）
> 経 常 利 益　（＝今年の通常の利益）
> 税引前当期純利益　（＝今年のトータルな利益）
> 当期純利益　（＝配当などに処分できる利益）

　つまり，損益計算書に表示される利益には5つもの種類があるのです。それぞれの意味は，上に書いたとおりです。
　では，売上高に対して粗利益（売上総利益）はどれくらいあればいいのでしょうか。また，売上高に対して本業の利益（営業利益）はどれくらいあればいいのでしょうか。今年の平常な利益は，どれくらいあれば平常なのでしょうか。
　こうした疑問には，後でくわしい話をします。

CHAPTER 2
貸借対照表（B／S）の構造を知る

ビー・エス

■ 貸借対照表（B／S）の役割

　貸借対照表（B／S，ビー・エス）は，期末における「**財政状態**」あるいは「**財務状態**」を表示するものです。英語で財政状態のことを「financial position」といいます。Finance という語は，古期のフランス語「（お金を払って）事件を終わりにすること」という意味が起源だそうです。

　そういえばフランス映画の終わりには，「fin」という文字がでてきます。その意味を込めていいますと，「financial position」は「事業活動の結果（結末）としての資金状況」ということです。

　期末における資金の状況は，貸借対照表の右側（貸方）が「**資金の調達源泉**」，左側（借方）が「**資金の運用形態**」として表示されます。つまり，貸方には，「負債」と「資本」が記載されますが，それは，「誰が，いくらの資金を出しているか」を意味しています。「負債」なら，銀行や社債権者などが提供している資金ですし，「資本」は，会社の所有者

（株式会社なら株主）が出した資金です。借方には，「資産」が記載されますが，それは，「その資金をどういう資産で運用しているか」を示すものです。

（借方）	貸借対照表（B／S）	（貸方）
資金の 運用形態	資　　産	負　債 資　本	資金の 調達源泉

もう少しくわしい貸借対照表を見てみます。

貸借対照表	
（資産の部） 流動資産 　当座資産 　棚卸資産 固定資産 　有形固定資産 　無形固定資産 　投資その他の資産 繰延資産	（負債の部） 流動負債 固定負債 （資本の部） 資本金 資本剰余金 利益剰余金

　貸借対照表は，損益計算書に比べるとシンプルです。何かと何かを足したり引いたりという計算はありません。財産の有高を表にしたものですから，いろいろな計算が終わった状態で数字がでてきます。

　ところが，よく見ますと，資産の部も負債の部も，資本の部も，いくつかに細分されています。これらの区分は，法律上の目的からの線引きであったり，**資金の流動性（支払能力）**や資産と負債のマッチングを判断できるように工夫されたものです。つぎに，そうした区分を見てみます。少し専門的な用語も出てきますが，しばらくおつき合いください。

資産の分類

最初に、資産の話をします。資産にはどういう種類があるか、どういう基準で資産を分類するか、資産にはどういう金額をつけるかという話です。

会社が所有する資産は、先に掲げた貸借対照表（B／S）に表示したように、**流動資産、固定資産、繰延資産**の3つに区分されます。

最初のほうで、資産は、「もの」と「お金」と「請求権」だといいましたが、流動資産と固定資産は、すべて、この「もの」と「お金」と「権利（請求権より少し範囲が広い）」です。

この「もの、お金、権利」を流動資産と固定資産に分ける基準はつぎのようになっています。

販売資産は営業循環基準

つぎの図を見てください。**企業活動に投下された資金**は、最初は**現金**の形を取ります。この現金で商品や原材料などを購入し、その原材料を加工してできた製品や商品を販売して現金を回収します。こうした現金からスタートして現金に戻ってくるサイクルを**営業循環**といいます。

■ 営業循環

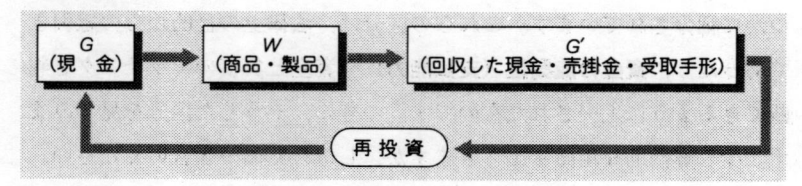

```
   G              W                    G'
 (現 金) → (商品・製品) → (回収した現金・売掛金・受取手形)
   ↑                                        │
   └──────────── 再投資 ←──────────────────┘
```

> **専門用語を覚えよう！**
>
> **流動性**とは，現金か，現金に近い状態のことをいいます。「**流動性が高い**」というときは，現金に近いために何かの支払いや借金の返済に使えるということです。**支払能力**という言い方もします。
> 逆に，「**流動性が低い**」ということは，現金にならないか，現金に変わるのに時間がかかる状態をいいます。これを「**固定性が高い**」ということもあります。

ふつう，現金を G，購入した商品などを W，販売して回収した資金を G'（記号はドイツ語の頭文字）で表します。G'（ジー・ダッシュ）は，最初の G に利益が付加されていることを意味しています。

こうした営業循環の過程にある資産は，現金へ変わろうとしている途中にあるので，「**流動性が高い**」といえます。この循環過程にない資産，たとえば，建物，備品，土地などは，販売する資産ではないので，「**固定性が高い**」といえます。

会社の本社が建っている土地や建物などを財源として負債を返済しようとしても，こうした固定性の高い資産は現金に換えるのが困難であったり，売れば会社がやっていけなくなったりしますから，負債を返済する財源には使えません。

その点，現金はそのまま支払いに使えますし，商品や原材料は現金に変わりつつあるものですから，会社の負債を返済する財源として適しています。

このように，営業循環にある資産は，現金か現金に近い状態にありますから負債の返済に使えますが，この循環の過程に入っていない資産は流動性が低いことが多いのです。こうしたことから，**営業循環の過程に入っている資産は流動資産，入っていない資産は固定資産**という分け方をします。こうして資産を区分するのが，**営業循環基準**です。

金融資産は1年基準（ワン・イヤー・ルール）

　銀行預金や貸付金，有価証券なども，上のような連鎖的な循環はしません。しかし，これらの資産の中には，すでに現金と同じ程度の流動性を持つものもあれば，短期日のうちに現金に換えることができるものもあります。

　そこでこうした資産の場合は，**1年以内に現金化するものを流動資産，1年を超えるものを固定資産**とするのです。こうした資産の分類基準を，**1年基準**とか**ワン・イヤー・ルール**といいます。

　以上のように，資産は，2つの基準で流動資産と固定資産に区分されます。**流動資産**は，「**現金か，現金に変わりつつあるもの**」，それと，「**1年以内に現金に換えることができるもの**」です。

　「予備知識編」で，「黒字でも倒産する」とか「売れていても倒産する」という話を紹介しました。会社を経営してゆくには，売上げを伸ばしたり利益を上げたりすることも大事ですが，それ以上に，**資金繰り**が重要なのです。返す約束の日に返せないと，たとえそれがわずかの金額であっても，会社は信用を失い，倒産してしまいます。ですから，会社を経営してゆく場合，あるいは，他の会社と取り引きする場合には，**資金繰り**がうまくできているかどうか，つまり，負債をちゃんと返す能力があるかどうかが重要なのです。2つもの基準を使って流動資産を区分するのは，この能力を計算・表示するためなのです。

　なお，資金繰りについては，「応用知識編──トップマネジメントの会計常識」でくわしく書くことにします。

> **営業循環の中にある資産──すべて流動資産**
>   例　商品，製品，原材料，売掛金，受取手形
>
> **その他の資産──１年以内に現金化するものは流動資産**
>   例　現金預金，貸付金，有価証券

資産の評価

貸借対照表に記載する資産の金額を決めることを，「**資産の評価**」といいます。資産を評価する基準としては，大きく分けてつぎの２つがあります。

> ● **原価基準**
>   資産を買ったときの代金（原価）を**取得原価**といい，この金額で貸借対照表に記載するというのが，**原価基準**とか**原価主義**です。製品なら，作るのにいくらかかったかを意味します。
>
> ● **時価基準**
>   時価は，現在の価格とか現在の価値という意味です。これには，売ったらいくらという価格と，買ったらいくらという価格があります。前者は**売却時価**，後者は**取替原価**と呼ばれています。こうした時価で貸借対照表の金額を決めるのを時価基準とか時価主義といいます。

現在，わが国では，有価証券などの金融商品を除いて，資産は原価基準によって評価されます。原価で評価することを基本とする会計を，**原価主義会計**と呼びます。

有価証券などの金融資産は，最近，時価で評価するようになりました。このことについては，「最新知識編──会計ビッグバン」で説明します。

負債の分類と評価

　会社の資金は，その所有者である株主が出した部分と，銀行・保険会社などから借りたり，債券（社債）を発行して集めた部分があります。前者を**自己資本**または**株主資本**，後者を**他人資本**または**負債**といいます。

　負債の典型は，他人から借りた借入金や社債です。このほかにも，仕入れた商品の未払代金である**買掛金**，支払いを約束した手形の未決済分（**支払手形**）などもあります。

　負債は，資産と同様の基準を適用して，流動負債と固定負債に分類されます。**営業循環のプロセスにある負債と支払期限が1年以内の負債**は流動負債とされます。

　こうした基準によって負債を分類すると，つぎのようになります。

■ **負債の分類**

> **流動負債**──営業循環にある負債と支払期限が1年内の負債
> 　　例　借入金，買掛金，支払手形，未払金，前受金など
>
> **固定負債**──支払期限が1年を超える負債
> 　　例　社債，長期借入金，退職給付引当金など

　負債は，すべて，返済する金額あるいは支払う約束の金額で貸借対照表に書きます。

資本の分類

　資本というとき，資産の総額から負債の総額を差し引いた残額（これを**純資産**といいます）を指すときと，貸借対照表の**貸方**（右側）**の総額**を指すときがあります。後者の場合の資本は，負債（他人資本）と自己資本（株主資本）を総称したもので，**総資本**ともいいます。

	貸借対照表	
総資産 （総資本）	他人資本	
	自己資本 （資　本）	

資産－負債＝資本（純資産）

株式会社の資本の分類

　株式会社の資本は，つぎのように分類されます。

■ 資本の分類

　Ⅰ　資　本　金
　Ⅱ　資本剰余金
　　　①　資本準備金
　　　②　株式払込剰余金
　Ⅲ　利益剰余金
　　　③　利益準備金
　　　④　任意積立金
　　　⑤　当期未処分利益

会社を作るとき，**株主が払い込んだ資本**は，**資本金と株式払込剰余金**に分けられます。資本金は，会社が最低限維持すべき資本で，株式払込剰余金は，いわばクッションです。株主の資本を元手として稼いだ利益は，一部は株主に配当として支払われますが，残りの利益は会社に残されます。残された利益のことを，**留保利益**といいます。

　会社に残された利益は，つぎの企業活動にとっては資本と同じ働きをします。そこで，貸借対照表でも，留保利益を資本として扱います。これを示したのが，資本の分類の中の「**利益剰余金**」です。

　（注）　前頁の「資本の分類」では，利益剰余金は3つに分けられています。最初の「**利益準備金**」は，商法の規定により利益の一部を留保した部分です。2番目の「**任意積立金**」は，利益の一部を将来の計画のために取っておくことを決めた部分です。3番目の「**当期未処分利益**」は，つぎの株主総会で使い道を決める部分です。この金額は，損益計算書の末尾の金額と同じです。

▌貸借対照表を読むコツ
　　――ストック表としての貸借対照表

　先に，貸借対照表の右側（貸方）が「**資金の調達源泉**」，左側（借方）が「**資金の運用形態**」だと書きました。つまり，貸方には，「負債」と「資本」が記載されますが，それは，「誰が，いくらの資金を出しているか」を意味しています。「負債」なら，銀行や社債権者などが提供している資金ですし，「資本」は，会社の所有者（株式会社なら株主）が出した資金です。

　借方には，「資産」が記載されますが，それは，「その資金をどういう資産で運用しているか」を示すものです。具体的には，現金でいくら所有し，商品をいくら購入し，いくらの土地を買って持っているか，また，

銀行への預金はいくらあるか,といったことが書いてあるのです。

残高表としての貸借対照表

　貸借対照表に積極的な意味を見いだそうとすれば,上のような解釈になるでしょう。しかし,現実の貸借対照表を観察しますと,多くの資産は資金の現状を示すとはいえませんし,負債も現在の債務額とは違う金額がついているものもあります。

　たとえば,土地を見てみましょう。貸借対照表に書いてある金額が100万円だとしても,現在の価値が1億円ということもあれば,逆に70万円の価値しかないということもあります。

　前に書きましたが,現在の会計は**原価主義会計**といって,資産を買ったときの金額で貸借対照表に記載します。ですから,貸借対照表に書いてある金額は昔の金額であって,現在の資金の状況を必ずしも表さないのです。

　それでも,貸借対照表の上の部分(流動資産の部と流動負債の部)は,現金に近いか営業循環の中にあるものですから,比較的現在の資金の状況を正確に表しています。この後,会社の収益力とか財務安定性(支払能力)などを見る指標を紹介しますが,現在の貸借対照表数値でも,十分にそうした判定が可能です。

CHAPTER 3

収益力を読むポイント

■ 「もうかりまっか」

　関西商人のあいさつは、「もうかりまっか」で始まるといいます。「もうかりまっか」というのは、単純に利益が大きいかどうかを訊いているのではなさそうです。**小さな元手で、大きな儲け**を上げているかどうかも訊いているのです。

　「もうかりまっか」と声をかけますと、「あきまへんなぁ」とか「ボチボチですわ」とか、まれには「おかげさんで…」といった返事が返ってきます。返事の仕方や表情を見ますと、どれくらい儲かっているのか、関西の商人同士ならわかるようです。

「もうかりまっか」を数字で表せば

　この「もうかりまっか」に対する返事を，計数的にとらえようとするのが，「**資本利益率**」というものです。
　元手をどれだけ使って，どれだけの利益を上げたかをパーセンテージで示すものです。**資本の効率**といってよいでしょう。

$$資本利益率 = \frac{利　益}{資　本} \times 100\ (\%)$$

この計算は，預金や貯金の利息を計算するのと同じです。

$$金　利 = \frac{利　息}{元　本} \times 100\ (\%)$$

総資本利益率は経営者にとっての利益率

　他人資本と自己資本を合計した金額が，「**総資本**」と呼ばれます。この金額は，会社が持っているすべての財産と金額的に同じですから，「**総資産**」の金額と一致します。
　2001年度（2000年4月から2001年3月）において，**富士写真フイルム**は，1兆6,505億円の総資本を使って，1,108億円の利益（経常利益）を上げました。

$$\text{総資本利益率}_{(経営者にとっての利益率)} = \frac{\text{利 益}}{\text{総資本}} = \frac{1,108(\text{億円})}{16,505(\text{億円})} = 6.71\,(\%)$$

この期間,同業の**コニカ**は,総資本が3,951億円,利益が171億円でした。

$$\text{総資本利益率}_{(経営者にとっての利益率)} = \frac{\text{利 益}}{\text{総資本}} = \frac{171(\text{億円})}{3,951(\text{億円})} = 4.32\,(\%)$$

総資本利益率は,株主が出した資本と借金(他人資本)を元手として,どれだけの利益を上げたかを,パーセンテージで示したものです。平易なことばで表現しますと,100円を元手として,1年間に何円の儲けがあったかを示すのです。**富士写真フイルム**は,資本100円について,1年間に6円71銭,**コニカ**は4円32銭の利益を上げたことになります。

経営者にしてみますと,株主が出した資本も銀行などから借りた他人資本も,同じ資本です。みなさんが買い物に出かけたとき,財布の中に入っている1万円札が,自分のお金なのか友人から借りたお金なのかは関係なく,支払いをするでしょう。経営者も,株主の資本なのか銀行からの借入金なのかを問わず,同じ資金として経営に使うのです。

そうした意味では,**総資本利益率は,経営者にとっての利益率**ということができます。**経営者の総合的な収益獲得能力を見る指標**ともいえます。

自己資本利益率は株主にとっての利益率

これとは別に，**株主にとっての利益率**を計算することもできます。この場合は，資本として**株主資本（自己資本）**を使い，また，利益としては税金を払った後に残る額，税引き後の**当期純利益**を使います。

$$\text{株主資本利益率（株主にとっての利益率）} = \frac{\text{税引後当期純利益}}{\text{自己資本}} \times 100\%$$

富士写真フイルムの場合は，つぎのようになります（2001年度）。

$$\text{株主資本利益率（株主にとっての利益率）} = \frac{\text{税引後当期純利益}}{\text{自己資本}} = \frac{631(億円)}{13,972(億円)} = 4.51(\%)$$

コニカはつぎのようになります。

$$\text{株主資本利益率（株主にとっての利益率）} = \frac{\text{税引後当期純利益}}{\text{自己資本}} = \frac{36(億円)}{1,969(億円)} = 1.82(\%)$$

以上の比率から何がわかるでしょうか。**富士写真フイルム**は，会社としては1年間に100円を元手にして6.71円を稼ぐ力があり，投資家（株主）から見ますと，100円投資すると1年間で4.51円の利益が上がる会社だということがわかります。

コニカは，会社としては1年間に100円について4.32円稼ぐ力があり，株主・投資家としてみますと100円投資して1年間に1.82円の利益を上げる会社だということがわかります。

損益計算書の構造を思い出してください。損益計算書では，いろいろな段階で，5種類もの利益を計算していました。

```
              損 益 計 算 書
   売 上 高              100
    売 上 原 価         (-)60
      売上総利益          40  ← 粗利益
   販売費・一般管理費    (-)20
      営 業 利 益         20  ← 本業の利益
   営業外収益          (+)15 ┐
   営業外費用           (-)8 ┘ 財テクの損益
      経 常 利 益         27  ← 今年の平常な利益
```

　いろいろな段階で利益を計算するのは,会社の営業活動とその成果を,正確に把握したいからです。本業で大きな利益を上げていながら,金融活動で失敗した会社もあります。逆に,本業では利益を出せないけれど,金融活動で利益を上げている会社もあります。

　また,粗利益をたっぷり稼いでいながら,販売費や一般管理費がかさんで利益を出せないでいる会社もあります。利益をいろいろな段階で計算しますと,「仕入・製造・販売活動」が効率的であったのか,本業全体の「営業活動」が良かったのか,「金融活動」が良かったのか,そうしたことがわかります。

　つぎのビール会社のデータを見ますと,本業の利益よりも経常利益が小さい会社もあれば,本業の利益よりも経常利益が大きい会社もあります。これは,金融活動の良し悪しを反映しているのです。

■ ビール会社の利益（2001年12月期）　　　　　（単位：億円）

	売 上 高	営業利益	経常利益
アサヒビール	11,219	783	627
キリンビール	10,284	349	445
サッポロビール	4,652	162	73

ROAとROEを分解してみよう

上に紹介した**総資本利益率**は，ＲＯＡ（return on assets）と呼ばれ，**株主資本利益率**は，ＲＯＥ（return on equity）と呼ばれます。

ＲＯＥやＲＯＡを計算すると，総資本や自己資本の効率がわかります。今年の利益率は去年より上昇したとか，となりの会社よりいいとか，そういうことがわかります。しかし，利益率が向上しても悪化しても，この計算だけでは，**なぜ良くなったのか，なぜ悪くなったのか**，といったことがわかりません。結果は知ることができても，**原因がつかめない**のです。

そこで，**資本利益率を分解**してみることにします。ここでは，総資本を使います。総資本利益率は，つぎのとおりでした。

$$総資本利益率 = \frac{利益}{資本} \times 100 \,(\%)$$

この式の分母と分子を売上高で割り，かけ算に直しますと，つぎのようになります。

$$総資本利益率 = \underbrace{\frac{利益}{売上高}}_{(売上高利益率)} \times \underbrace{\frac{売上高}{総資本}}_{(資本回転率)}$$

式を分解しますと，**売上高利益率**と**資本回転率**に分けることができます。**売上高利益率**というのは，100円の売上げ（売価）の中に，何円の利益が含まれているかを％で示したものです。この数値を見ますと，100円の中に利益が十分に含まれているかどうかがわかります。

資本回転率というのは，総資本の何倍の売上げがあったかを示すもので，倍数で計算されます。総資本が1年間に何回転したかという意味でもありますので，資本が回転した回数といってもいいでしょう。

つぎのデータは，製薬会社のものです。電卓をたたいて，**売上高利益率**と**資本回転率**を計算してみると，各社の特徴がわかります。

■ 製薬会社の総資本，経常利益，売上高（2001年3月期）

(単位：億円)

	総 資 本	経常利益	売 上 高
武田薬品工業	13,521	2,384	7,730
三　　　共	8,836	939	4,175
山 之 内	7,892	846	3,025
第 一 製 薬	4,903	591	2,613

《武田薬品工業》

$$総資本経常利益率 = \frac{経常利益2,384}{売上高7,730} \times \frac{売上高7,730}{総資本13,521}$$

（売上高利益率30.8%）×（総資本回転率0.57回）

《三　　　共》

$$総資本経常利益率 = \frac{経常利益939}{売上高4,175} \times \frac{売上高4,175}{総資本8,836}$$

（売上高利益率22.4%）×（総資本回転率0.47回）

《山之内製薬》

$$総資本経常利益率 = \frac{経常利益846}{売上高3,025} \times \frac{売上高3,025}{総資本7,892}$$

（売上高利益率27.9%）×（総資本回転率0.38回）

《第一製薬》

$$総資本経常利益率 = \frac{経常利益591}{売上高2,613} \times \frac{売上高2,613}{総資本4,903}$$
$$（売上高利益率22.6\%）\times（総資本回転率0.53回）$$

データを見ますと，この4社の中では，**武田薬品工業**が，総資本でも利益でも売上高でも，断然トップです。しかし，**資本回転率**（資本の何倍の売上げがあったか）で見ますと，すべての項目で第4位の**第一製薬**とあまり変わりません。ところが，**売上高利益率**（100円の売上げの中に，何円の利益が含まれているか）で見ますと，**武田薬品工業**は群を抜いているのです。この話をつぎにします。

「売上げの質」を見る

同じ商品（製品も同じ）を売っても，いくらで売れたかによって，質のいい売上げとそうでない売上げがあります。たとえば，仕入れ値が80円の商品を100円で販売するのと120円で販売するのとでは，利幅（**粗利益**）が倍も違います。売上げの中にどれだけの利益が含まれているかを示すのが，上で紹介した**売上高利益率**です。もう一度，算式を見てみましょう。

$$売上高利益率 = \frac{利\quad 益}{売\quad 上\quad 高} \times 100（\%）$$

$$原価80円の商品を100円で販売した場合の利益率 = \frac{20}{100} = 20（\%）$$

80円の原価に20円の利益を上乗せ（これを**マークアップ**といいます）

して100円で，たくさんの商品を売ろうとするのを「**薄利多売**」といいます。薄利多売の道を選ぶか，たくさんは売れなくても1個について40円の利益を上乗せして利幅の大きな商売をするかは，資本の何倍の売上げがあるか（これは**資本回転率**といいました）によっても変わります。これについては，後で述べます。

つぎのデータは，先に紹介した製薬会社のものです。これを見ますと，会社によって利益率がずいぶん違うことがわかります。

■ **製薬会社の売上高と経常利益（2001年3月期）**

	売上高（億円）	経常利益（億円）	利益率（％）
武田薬品工業	7,730	2,384	30.8
三　　　共	4,175	939	22.4
山之内製薬	3,025	846	27.9
第 一 製 薬	2,613	591	22.6

また，売上げの質は，現金取引か掛け売りかによっても違います。現金売りは資金の回収という面から見ると一番安全です。資金繰りに失敗することもありません。しかし，顧客（お得意さん）とのつき合いを長く保ちたいなら，むしろ，掛け売りのほうがよいともいえます。現金取引の客は，いつ取引先を変えるかわからないからです。

同じ掛け売りでも，回収するのに長い期間がかかる場合は，質のいい売上げとはいえません。そこで，掛けで売られた商品代金が，1年間で何度回収されたか，また，その代金が回収されるのに平均して何日かかっているかを計算します。掛けで売って代金を払ってもらっていない金額を**売掛金**といいますが，掛けで売ったときに後日の支払いを約束した手形（**受取手形**）をもらうこともあります。この両者を合わせて，**売上債権**といいます。

CHAPTER 3　収益力を読むポイント ◆―― 127

$$売上債権回転率 = \frac{売上高}{売掛金 + 受取手形}　（回）$$

回転「率」という名前が付いていますが，計算されるのは，何回転したかという「**回転数**」です。この回転数を使って，売上債権が平均して何日で回収されているかを計算します。

$$売上債権回転期間 = \frac{365日}{売上債権回転率}　（日）$$

回転率（回数）が大きいとき，あるいは，回転期間（日数）が短いときは，売上げの質もいいといえます。この回数が減ってきたり，回転期間が長くなってきますと，資金繰りに支障が出てきますから，あまり質のいい売上げではないことがわかります。

■ 損益分岐点の考え方――クリーニング店の場合

ではいったい，どれくらい売れれば利益が出るのでしょうか。実際に，数字を使って計算してみましょう。

いま，ビルの1階を借りてクリーニング店を始めたとします。店舗の賃借料が月に40万円，クリーニングに必要な装置一式のレンタル料が月に80万円，従業員の給料が月に45万円，広告費・電話代などの雑費が10万円かかるとします。洗剤，水道光熱費，配達費用などはクリーニング代金の30%になるとします。

店舗の賃借料から雑費までは，毎月，決まった額がかかります。合計で，175万円です。この費用は，お客さんが一人も来なくても，たくさん来ても，同じだけかかります。こうした性格の費用を「**固定費**」とい

います。また，洗剤や水道光熱費（クリーニングに必要な水道や電気・ガスの代金），配達費用は，お客さんが少なければ少なく，多ければ多くかかる費用です。こうした売上高に比例して増減する費用のことを**「変動費」**といいます。

変動費——売上高の増減に比例して増減する費用
　例　仕入原価，配達費，包装費，クリーニング店の洗剤費・光熱費

固定費——売上げがあってもなくてもかかる費用
　例　従業員給料，通信費，家賃，設備の賃借料

　このクリーニング店は，毎月，お客さんが来ても来なくても，175万円の固定費がかかります。お客さんが来て，100円のクリーニングを頼むと，30円の変動費がかかります。費用は，変動費と固定費の総額ですから，もしも，今月，一人もお客さんが来ないと，固定費の175万円だけ損失が出ます。

　では，このクリーニング店は，毎月，いくらのクリーニング収入があれば利益が出るでしょうか。1か月に25日営業するとして，1日平均の売上高が8万円の場合を考えてみましょう。

　1日8万円で，25日の営業としますと，1か月で200万円（8×25）の売上げということになります。このとき，固定費は，175万円ですが，変動費はいくらでしょうか。変動費は，売上高の30％ですから，200万円の30％で，60万円です。そうしますと，つぎのようになります。

$$売上高200-\begin{pmatrix}固定費175\\変動費\ 60\end{pmatrix}=純損失35（万円）$$

　1日平均8万円では，このクリーニング店では利益が出ず，損失が35万円でてしまいました。

では，1日に，平均して12万円の売上げがあるとしましょう。25日で，売上高は300万円になります。このときも，固定費は175万円で変わりません。変動費は，300万円の30％ですから，90万円となります。このときの損益を計算してみますと，つぎのようになります。

$$売上高300 - \begin{pmatrix} 固定費175 \\ 変動費\ 90 \end{pmatrix} = 純利益35（万円）$$

1日の売上げが12万円になれば，月に35万円の利益が出るのです。では，このクリーニング店の場合，損益がトントンになるのは，売上げがいくらのときでしょうか。

1日に8万円の売上げですと，損失が35万円で，1日に12万円売りますと，利益が35万円でした。そうしますと，その真ん中の10万円あたりで損益がトントンになりそうです。

では，計算してみましょう。1日の売上げが10万円ですと，月に25日，250万円です。固定費は175万円と変わりません。変動費は，250万円の30％，75万円かかります。

$$売上高250 - \begin{pmatrix} 固定費175 \\ 変動費\ 75 \end{pmatrix} = 損益ゼロ$$

このように，このクリーニング店は，1日に10万円の売上げがあれば，収入と支出（または，収益と費用）が同額となります。このように，収支がトントンとなるところ，赤字から黒字に変わる峠のところの売上高を「**損益分岐点**」といいます。

クリーニング店の経営者は，100円のクリーニングをするたびに，洗剤などの変動費が30円かかりました。このとき，70円が残ります。100円の売上げから変動費を差し引いた金額，このケースでは100円の売上げごとに変動費を差し引いた70円を，**限界利益**といいます。前に紹介し

た「粗利益」とほぼ同じものです。

　この限界利益は，変動費を払って残る利益のことですから，これからさらに固定費を払わなければなりません。クリーニング店の経営者は，100円の売上げがあるたびに，30円の変動費を支払い，残った70円を貯めていって，固定費を支払うのです。

　売上げが100円で70円，1,000円で700円，1万円で7,000円が残ります。10万円のときは7万円，100万円なら75万円，200万円なら150万円の限界利益が残ります。売上高100円の中に何円の限界利益が含まれているかを，**限界利益率**といいます。

$$限界利益率 = \frac{限界利益}{売上高} \times 100 \,(\%)$$

　100円の売上げがあるたびに限界利益の70円を貯めていって，それで固定費の175万円を支払うことができれば，損益がトントンとなります。このクリーニング店の場合，限界利益が固定費と同額の175万円まで貯まるには，250万円の売上げが必要です（175万円÷0.7＝250万円）。

$$損益分岐点 = \frac{固定費175万円}{限界利益率0.7} = 250万円$$

◧ 公式から損益分岐点を求める

　売上に占める変動費の割合を**変動費率**といいます。上で紹介した限界利益率は，（1－変動費率）と同じですから，上の式を，つぎのように変えることができます。

$$\text{損益分岐点} = \frac{\text{固定費}}{\text{限界利益率}} = \frac{\text{固定費}}{(1-\text{変動費率})}$$

さらに，（1−変動費率）を書き換えますと，つぎの式が得られます。

$$\text{損益分岐点} = \frac{\text{固定費}}{1 - \dfrac{\text{変動費}}{\text{売上高}}}$$

この式は，すべて実数を使っています。一般に**損益分岐点を求める公式**と呼ばれています。

では，この公式を使って，先に紹介したクリーニング店の損益分岐点をもう一度，計算してみてください。売上高が月に200万円としたときでも300万円としたときでも，簡単に損益分岐点が求められます。

たとえば，売上高が200万円としますと，変動費が30％の60万円，固定費が175万円です。これらの数値を式に入れますと，損益分岐点が求められます。

利益図表（損益分岐点図表）を描いてみる

損益分岐点を図表に表してみましょう。次頁の図表は，**利益図表**とか**損益分岐点図表**と呼ばれています。

利益図表は，普通グラフの上に正方形を書き，原点Oから縦軸（OY）に売上高，損益，費用を，横軸（OX）に売上高の目盛りを取ります。原点Oから対角に45度の線を引き，これを売上高のライン（OS）とします。

つぎに縦軸上で，固定費を取り，横軸と平行な線（固定費線：$F_1 F_2$

■ 利益図表

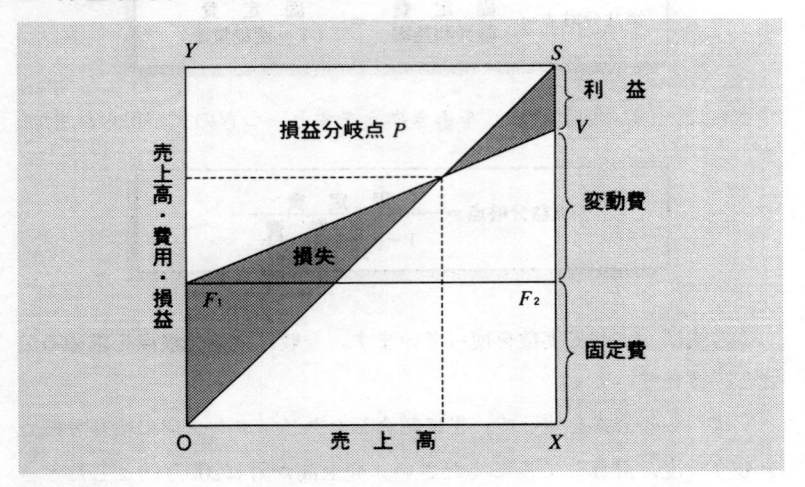

```
        Y                              S
                                          ┐
                                          │ 利 益
        損益分岐点 P                    V
売                                        
上                                        │ 変動費
高
・                                        
費                                        ┘
用                     損失               
・        F₁                    F₂        ┐
損                                        │
益                                        │ 固定費
                                          ┘
        O           売 上 高          X
```

線）を引きます。固定費は売上高の増減に関係なく，一定額が発生すると考えていますから，**固定費線**は傾きを持ちません。

　固定費線と縦軸が交わっているところが，売上高$\overset{\text{ゼロ}}{0}$のときの固定費です。ここから，変動費線（F_1V線）を引きます。変動費は売上げの増加につれて増加しますから，右肩上がりの傾きを持ちます。この変動費線が45度の売上げラインと交わったところ（P）が**損益分岐点売上高**です。

　交点Pより売上高が右に移動（売上げ増加）しますと，利益が生まれ，左に移動しますと，損失が生まれます。売上高がP点より右に移動すればするほど利益が急成長し，左に移動すればするほど損失が大きくなります。

　では，上のクリーニング店のデータを使って，利益図表を描いてみましょう。

≪クリーニング店の利益図表≫

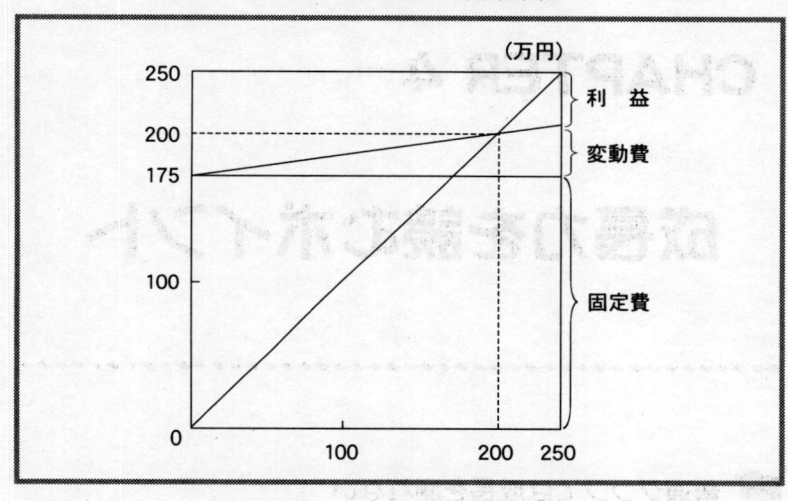

(万円)

縦軸目盛: 250, 200, 175, 100, 0
横軸目盛: 100, 200, 250

右側ラベル: 利益、変動費、固定費

CHAPTER 4

成長力を読むポイント

■ 普通グラフでは成長を測れない

　自分が経営する会社が成長するのは楽しみです。自分が勤めている会社，自分が投資している会社も，できるだけ成長して欲しいものです。
　成長を示すために，グラフを描くことがあります。いま，つぎの表のような2つの会社があったとします。データは，2つの会社の，過去5年間の売上高です。

（単位：億円）

年度	A社	B社
1	1,250	3,520
2	1,625	4,576
3	2,112	5,948
4	2,746	7,733
5	3,570	10,053

CHAPTER 4 成長力を読むポイント ◆──── 135

いま，この2つの会社の売上高をグラフ用紙（普通グラフ。方眼紙）の上に表してみると，どうなるでしょうか。つぎのグラフ用紙に書き込んでみてください。

■ 普通グラフ

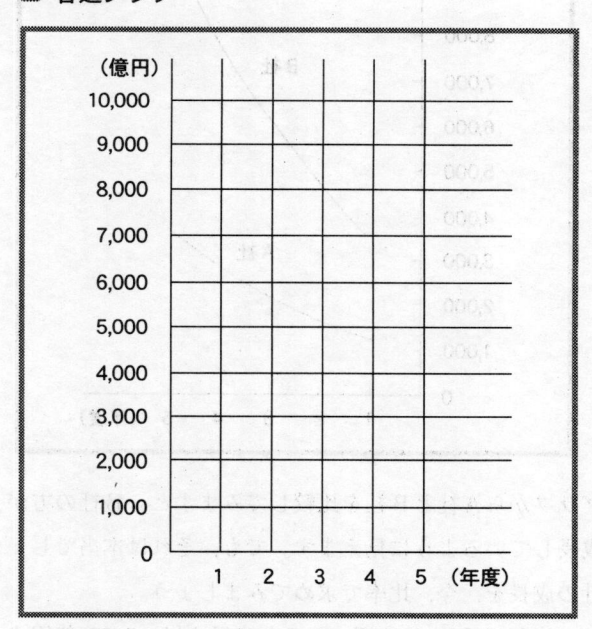

（縦軸：億円 0〜10,000、横軸：1〜5 年度）

皆さんが書いたグラフは，つぎのようになったと思います。

≪普通グラフの使用(1)≫

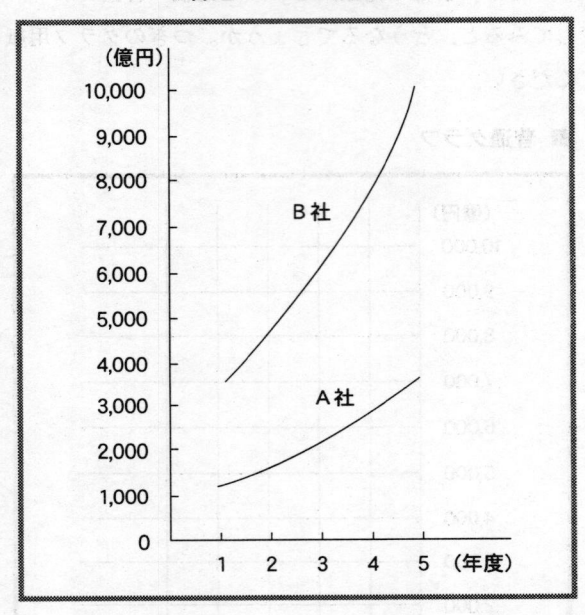

 このグラフからA社とB社を比較してみますと，B社の方が2倍も3倍も急成長しているように見えます。でも，それは本当でしょうか。A社とB社の成長を，今，比率で求めてみましょう。

 A社は，1年度目1,250億円から5年度目までに3,570億円まで成長しました。2.85倍です。成長率でいいますと，185％の成長です。

 B社は，3,520億円から10,053億円への成長ですから，同じ2.85倍，成長率は185％です。

 グラフで見ますと，A社はそこそこ成長していますが，B社はA社の2倍か3倍の成長をしているように見えます。しかし，実際には，2つの会社の成長率はまったく同じなのです。

 なぜ，こんなことになるのでしょうか。**普通グラフ（方眼紙）**は，**絶対額**（金額）の変化を表すことはできるのですが，**伸び率（変化率）**を

CHAPTER 4 成長力を読むポイント ◆——— 137

表すことができないのです。成長性とか趨勢を表現しようとすると，普通グラフはうそをつくのです。

　もう少しわかりやすい数字を使って見てみましょう。つぎの表では，ある数を2倍にしたものです。1の2倍は2，2の2倍は4です。

元の数	倍の数
1	2
2	4
3	6
4	8

　今，元の数を出発点（1期目）として，2倍にした数（2期目）がどういう傾きになるかを見てみます。

≪普通グラフの使用(2)≫

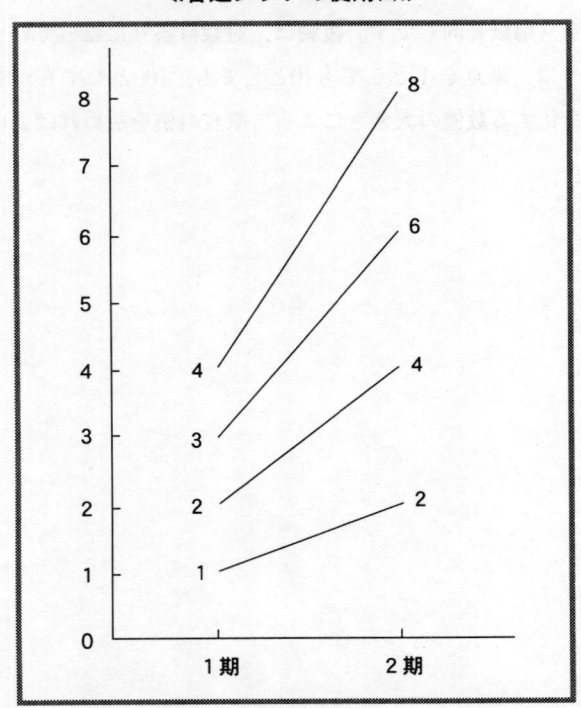

このグラフからわかりますように,普通グラフでは,基準の年度(第1年度)の金額が大きい方が,金額の小さいほうよりも,急勾配になるのです。ですから,同じグラフ用紙の上で,2つの会社を比較したり,売上高と利益の額を比較しても,正しい比較はできません。

■ 片対数グラフのマジック

それでは,どうしたら正しい比較ができるようになるでしょうか。少し大きい文房具店か理工系の学部がある大学の生協などに行きますと,「**片対数グラフ**」という,ちょっと変わったグラフ用紙を売っています。これを使いますと,上に紹介したような誤解を避けることができます。

このグラフ用紙は,つぎに示しますように,横軸は等間隔の目盛りで,普通のグラフ用紙と同じです。縦軸は,対数目盛りになっています。縦軸の目盛りは,原点を1としても10としても,100としてもかまいません。グラフ化する数値の大きさによって原点の値を決めればよいのです。

■ 片対数グラフ

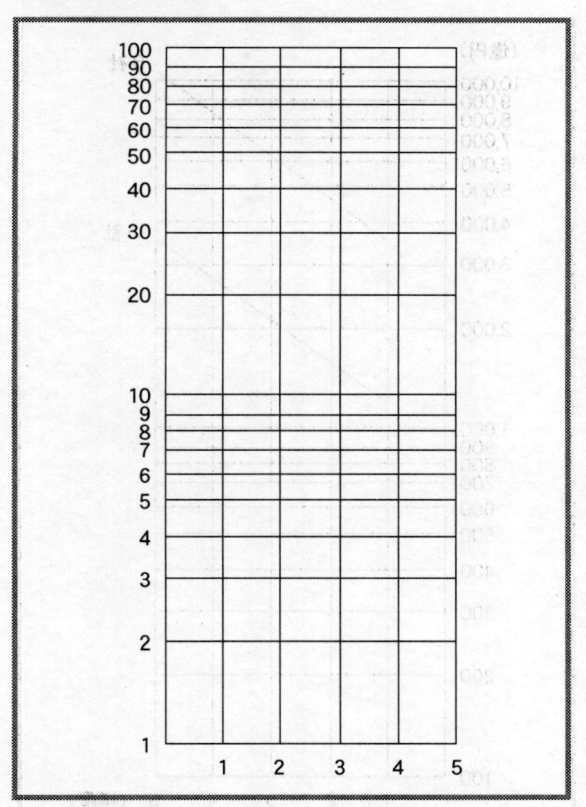

　縦軸は目盛りが1つ上がるごとに，1，2，3，4，と2倍，3倍，4倍になり，位取りが上がって10になりますと，そこから，改めて2倍（20），3倍（30），4倍（40）となり，位取りが上がって100になれば，つぎは，2倍の200，3倍の300となります。

　では先ほどの，A社とB社の売上高を，片対数グラフの上に描いてみましょう。

≪片対数グラフの使用の例≫

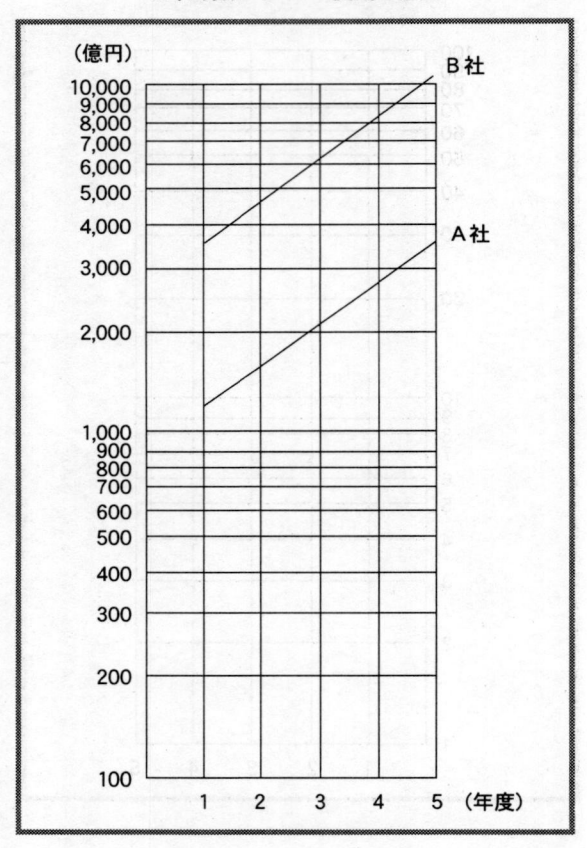

このグラフからは，A社とB社が，まったく同じ成長率であることがよくわかると思います。

健全な成長の見分け方

　会社がどれだけ成長したかは，①売上高，②総資本，③経常利益，④従業員数がどれだけ増加したかを見ればわかります。この4つの項目がどういうバランスで増加・減少したかを見ますと，その会社の成長または企業規模縮小が健全かどうかがわかるのです。

　売上げは急速に伸びているのに経常利益が減少傾向にある場合や，売上げは伸びていないのに総資本や従業員数が増加している場合，余剰人員を削減したにもかかわらず経常利益が増加していない場合，こうしたケースでは決して健全な成長は望めません。どこかにムリがあるのです。

　この4つの数値がどういう関係になっているかを見るために，「**成長性比較グラフ**」を描いてみましょう。

　このグラフは，基準となる年度の数値を100として，当年度が何％になるかを表示するものです。グラフは，正方形で，中心をゼロとし，そこから各項目に伸びる線の中央を100％，外枠を200％とします。

■ 成長性比較グラフ

```
                売 上 高
                  100
       総              従
       資   100    100 業
       本              員
                       数
                  100
                経常利益
```

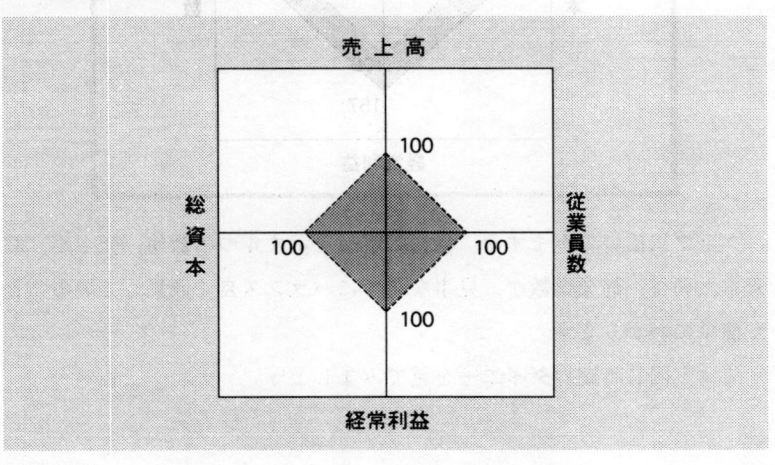

では、実際にこのグラフを使って会社の成長を見てみましょう。つぎのデータは、**セブン-イレブン・ジャパン**のものです。1995年のデータと、6年後の、2001年のデータです。このデータから、この会社が6年間でどういう変化をしたかがわかります。

■ セブン-イレブン・ジャパン　　　　　　　　　　（単位：億円）

	売上高	総資本	経常利益	従業員数(人)
1995年2月期	2,145	4,433	933	2,364
2001年2月期	3,469	7,702	1,471	3,829
成長率	61.7%	73.7%	57.6%	61.9%

この数値を「成長性比較グラフ」に書き込んでみます。

≪セブン-イレブン・ジャパンの成長性比較グラフ≫

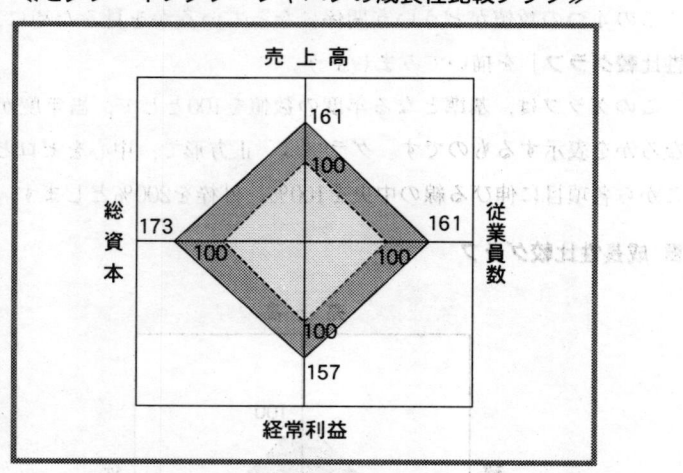

```
         売 上 高
          161
          100
総資本 173     161 従業員数
     100   100
          100
          157
         経常利益
```

グラフに描いてみますと、会社の成長を示す4つの数値、売上高、総資本、利益、従業員数が、見事なまでにバランス良く成長していることが簡単にわかります。

では、同じ時期の**ダイエー**を見てみましょう。

■ ダイエー　　　　　　　　　　　　　　　　　（単位：億円）

	売　上　高	総　資　本	経常利益	従業員数（人）
1995年2月期	25,415	12,744	72	21,457
2001年2月期	19,805	14,501	20	12,505
成　長　率	−22.0%	13.7%	−72.2%	−41.7%

≪ダイエーの成長性比較グラフ≫

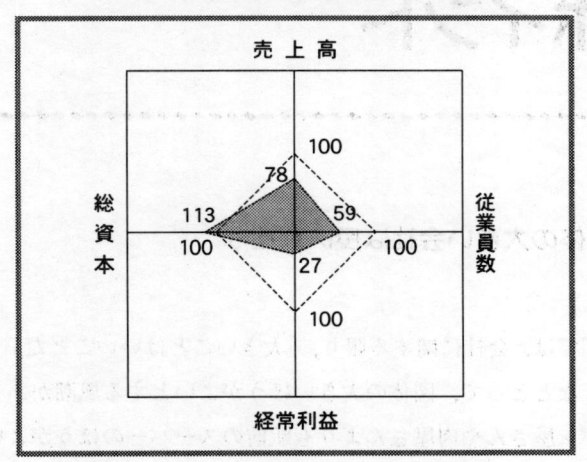

```
        売 上 高
          100
          78
  総     113      59    従
  資   100        100   業
  本     27              員
          100           数
        経常利益
```

　ダイエーのグラフからは，同社が資本を増加させているにもかかわらず，売上げが減少していること，従業員を大幅に整理していながら，それが利益の増加に貢献していないこと，全体として企業規模が縮小しつつあるが，そのバランスがとれていないこと，などを読みとることができます。

CHAPTER 5
借金の返済能力を読むポイント

図体(ずうたい)の大きい会社は良い会社か

　わが国では，会社に関する限り，「大きいことはいいことだ」とか「体重方式」などとって，図体の大きいほうがよいとする風潮があります。街角のパン屋さんや肉屋さんよりも駅前のスーパーのほうがよい会社で，そのスーパー・マーケットも地元のスーパーより全国型のスーパーがいい会社だというのです。

　大規模の会社は，多くの場合，どこかの企業集団（**三菱グループ**とか，**住友グループ**とか）に属していて，株式の持ち合い，業務提携，社長会，役員の派遣，資金の融通などを通して，資本的・人的な結びつきが強いものです。

　次の表は，日本の代表的な企業集団です。ただし，最近，金融機関を中心に企業集団の枠を超えた合併や業務提携が行われています。ここでは合併前のグループを示しています。

■ 日本の企業集団（社長会の主要メンバー会社）

三井グループ	三菱グループ	住友グループ	芙蓉グループ	三和グループ	第一勧銀グループ
さくら銀行	東京三菱銀行	住友銀行	富士銀行	三和銀行	第一勧業銀行
三井信託	明治生命	住友信託	安田信託	東洋信託	朝日生命
三井物産	東京海上	住友生命	安田生命	日本生命	伊藤忠商事
三機工業	三菱商事	住友海上	安田火災	ニチメン	西武百貨店
王子製紙	キリンビール	住友林業	丸紅	日商岩井	清水建設
東芝	旭硝子	住友化学	大成建設	高島屋	三共
石川島播磨	三菱電機	日本板硝子	日清製粉	積水ハウス	資生堂
東レ	三菱重工	住友セメント	サッポロビール	伊藤ハム	ライオン
	ニコン	日本電気	東洋レーヨン	サントリー	旭化成
	日本郵船		NKK	帝人	横浜ゴム
			日立製作所	日立化成	川崎製鉄
			日産自動車	関西ペイント	日立製作所
			キヤノン	日立製作所	富士通
				シャープ	石川島播磨
				京セラ	日本通運

　グループ内のどこかの会社が経営に失敗したり，資金不足に陥ったりしたときには，グループを構成する各社がいろいろな援助の手をさしのべてくれます。中小企業の場合は，そうした援助の手は期待できません。中小企業が破綻しそうになりますと，銀行は貸した資金を取り戻そうとして躍起になりますし，取引先は新規の取引を中止し，売掛金があればそれを回収しようとして会社に押し掛けるでしょう。助け船などは，どこからも来ません。

　そうしたこともあって，わが国では，「大きい会社はいい会社だ」という評価が生まれるのでしょう。

　では，本当に大きい会社はいい会社なのかどうか，検討してみましょう。

図体はどうやって測るか

　会社の場合，大きいとか小さいとかは，どうやって決めるのでしょうか。一般には，**資本**とか**売上高**を使うようです。ただし，銀行の場合は預金高，保険会社の場合は契約高，新聞・雑誌社なら発行部数・出版部数といった指標も使われます。

　資本を企業規模の指標とする場合は，会社が使っているすべての資本（**総資本**）の大きさか，法律上の資本，つまり**資本金**の大きさが使われることが多いようです。どちらが企業の大きさを適切に表しているでしょうか。

　自己資金ゼロで，銀行から1億円借りて家を建てた人がいるとしましょう。外から見ますと，1億円の家に住んでいるのですから，お金持ちに見えます。しかし，実は，他人からの借り物に住んでいるのと変わりません。この人の図体（大きさ）は1億円でしょうか，それともゼロ円でしょうか。

　借金していようが全額自己資金であろうが，使っている資本の大きさ（この例では，住んでいる家）が図体を表すという見方もあるでしょうし，負債（借金）を差し引いた，はだかの状態が本当の姿だという見方もあるでしょう。いずれにしましても，総資本をもって図体とするときは，負債の大きさにも注意する必要がありますし，はだかの状態をもって図体とするときは，使っている資本の全体を見ておくことが必要です。

　会社の場合，そうした全体としての使用総資本とはだかの資本の関係を見るときには，後で紹介するような**自己資本比率**という指標が使われます。

自己資金と借金のバランス

　家を建てるとき，自己資金だけで建てられる裕福な人もいれば，大部分を銀行から借りて建てる人もいます。**自己資本比率**というのは，たとえていいますと，家の建築費のうち，何％が自己資金であるかをいうようなものです。

　多くのサラリーマンにとって，自己資金だけでマイホームを建てようとすれば，都心から離れるか庭のない家で我慢するしかありません。銀行から借りて家を建てますと，ローンの返済に追われます。家庭も会社も，自己資金と借金のバランスを取ることが必要です。

　会社の場合，家庭と違うのは，借りた資金で事業を展開しますから，借金してもその資金が利益を生んでくれることです。サラリーマンの借金は利息を付けて返済するだけで，利益を生むことはありません。

　会社を自己資金だけで運営することを，「**無借金経営**」といいます。無借金経営は，借金の返済に追われることもなく，堅実で安全性が高いと評価されますが，他方，いつまでたっても小規模の，地方会社の域を出られないという欠点もあります。

　たとえば，繊維の**東レ**，**帝人**，**日東紡**，**東洋紡**などの会社は，積極的に借金して事業展開を図り，拡大路線を走り，全国型の企業に成長しました。ところが，同じ時期に発足(ほっそく)した**御幸毛織**(みゆきけおり)という会社は借金による経営を好まず，結局，地方の名門企業にとどまってしまいました。

　借金によって事業を拡大した会社がすべてうまくいっているわけではありません。大手スーパーの**マイカル**は借金をベースとして多店舗展開してきましたが，巨額の投資が重荷となり，また，消費の低迷による売上げ不振が追い打ちをかけて，2001年9月に倒産してしまいました。借

金の重荷に耐えかねて倒産したのは，百貨店の**そごう**も同じでした。

自己資本比率で何を測るか

自己資本比率は，つぎのようにして求めます。

$$自己資本比率 = \frac{自己資本}{総資本（=自己資本+負債）} \times 100(\%)$$

参考までに，わが国を代表する総合電機メーカーの自己資本に関するデータを示しておきます。

自己資本比率というのは，借金の返済能力，あるいは，支払能力を示す指標の一つです。では，どうして借金を返済する能力が問題になるの

■ 総合電機会社の自己資本比率（2001年3月期）

	総資本(億円)	自己資本(億円)	自己資本比率(%)
日立製作所	41,193	16,583	40.2
東　　芝	33,176	9,220	27.8
三菱電機	27,471	6,592	23.9

でしょうか。

会社は，まず，株主が出した資金を元手として営業しますが，事業の拡大に連れて，株主の資金だけでは足りなくなってきます。そうしたときに，銀行や保険会社からお金を借りたり，**社債**という証券を発行して一般の投資家から資金を借ります。

会社にお金を貸す人たちを「**債権者**」といいます。債権者は，お金を貸すときに，貸したお金を約束どおり返してくれるかどうかが一番心配です。ですから，貸すときにも，貸した後も，会社の支払能力には強い関心があるのです。

では，会社には，そうした借金を返済する財源として何があるでしょうか。借金を返すには，一般に，つぎのような方法が考えられます。

> (1) 借金の返済のために，別の銀行から借りる。
> (2) 現金・預金，貸付金(かしつけきん)，有価証券のような余裕資金を使う。
> (3) 商品を売った代金を返済に使う。
> (4) 工場の用地などを売却して返済する。

ここでは，(1)や(4)のような極端なことは考えないことにします。(1)はまったく問題の解決にはなりません。借金の返済が少し後になるだけです。(4)は，借金は返済できても，経営はまもなく行き詰まってしまうでしょう。

通常の場合，借金の返済財源として考えるのは，営業活動を続けながら返済してゆくことができるものに限られます。つまり，それを使っても，営業活動に特別の支障が生じないものをいうのです。

会社の内部における資金の動きを見てみましょう。次頁の図のように，会社には最初，現金の形で資金が投下されます。この現金で商品を仕入れたり，原材料を購入したりします。原材料は加工して製品とします。商品や製品は市場で販売され，会社は改めて現金を回収します。現金ではなく，売掛金や受取手形を受け取るときもあります。売掛金も受取手形も，その後まもなく，現金になります。

こうした，会社における現金からスタートして再び現金へ戻ってくる資金の動きを「**資金循環**」とか「**営業循環**」といいます。このことは，上にも書きました。

■ 会社における資金循環

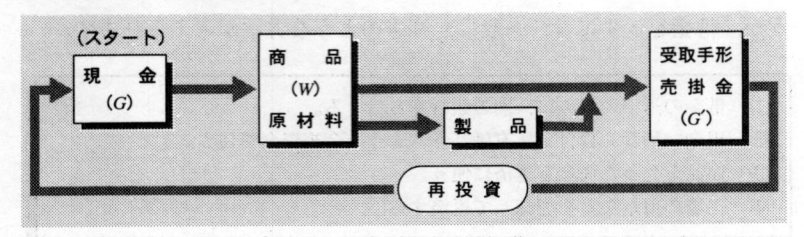

```
(スタート)
現金(G) → 商品(W)原材料 → 製品 → 受取手形売掛金(G′) → 再投資
```

　経済学などでは，この現金を G，商品や製品を W で表します。ここで G というのは，ドイツ語の $Geld$（ゲルト，貨幣），W とは $Waren$（ヴァーレン，物品）のことです。そこで，資金の循環を，$G→W→G′$ という形で表すことがあります。$G′$（G にダッシュがついているもの）は，最初に投下された現金が利益の分だけ増加していることを示しています。

　借金の返済に商品や製品を売った代金を使うという案がありました。上記の(3)です。この案を検討してみましょう。

　商品の売上代金は，売った商品の仕入れ値と利益に分けることができます。$G′$ の G の部分が仕入れ値で，ダッシュの部分が利益です。G の部分は，つぎの商品を仕入れる資金となります。ですから，借金の返済に G を使いますと，つぎに売る商品を仕入れることができなくなり，営業に支障をもたらすか，営業規模を縮小しなければならなくなるでしょう。ですから，もし，借金の返済に商品の売上代金を使うというのであれば，ダッシュ（利益）の範囲内に限られます。

　以上のことから，借金（負債）を返済するための財源としては，上記の(2)に上げた「**余裕資金**」（「**余剰資金**」ともいいます）がもっとも大事だということがわかります。

短期の返済能力と長期の返済能力

ところで，借金（負債）には，比較的短期間のうちに返済期限（支払期限）がくるものと，長期のものがあります。1年以内に返済しなければならない負債は「**流動負債**」，返済期限が1年を超える負債は「**固定負債**」と呼ばれました。

このうち，長期の負債（固定負債）に対する返済能力については，これを直接に測定するような「ものさし」はありません。長期の借金（固定負債）を支払う能力は，第一に，その会社の収益性の良し悪しによって，第二に会社の財務構造（借金が多いか少ないか）によって判定するしかありません。

しかし，**短期の借金（流動負債）を返済する能力**があるかどうかを見るには，いくつかの「ものさし」があります。

流動比率が語る「借金の返済能力」

最初に，**流動比率**を紹介します。この比率は，会社が持っている資産のうち，流動性が高い資産，つまり，現金と現金に近い性格の資産と，短期間に支払期限のくる負債を比較するものです。

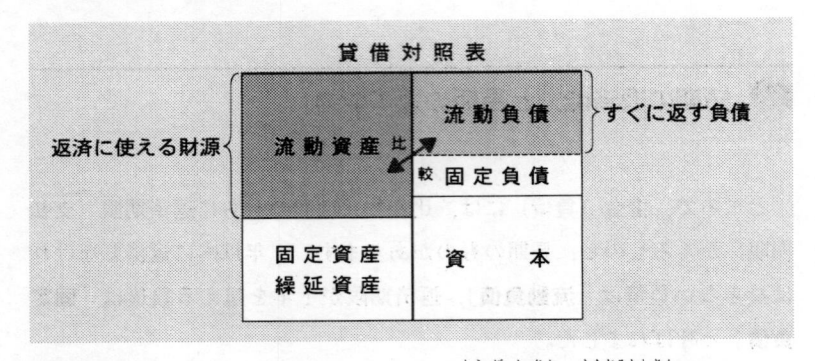

```
                  貸 借 対 照 表
              ┌──────────┬──────────┐
              │          │ 流 動 負 債│──→すぐに返す負債
返済に使える財源┤ 流動資産 ├──────────┤
              │       比 │ 固 定 負 債│
              │     較   │          │
              ├──────────┼──────────┤
              │ 固 定 資 産│          │
              │ 繰 延 資 産│ 資    本 │
              └──────────┴──────────┘
```

　流動資産というのは，つぎのように，**当座資産**と**棚卸資産**に分かれます。当座資産は，すぐに現金になるものをいい，棚卸資産は，現金にするのに販売という手順を踏む必要があるので，少し時間がかかります。

■ 流動資産の内訳

当座資産（すぐに現金になるもの）	棚卸資産（販売して現金化するもの）
現　金　預　金	製品・商品
売　　掛　　金	原　材　料
受　取　手　形	部　　　品
有　価　証　券	

　1年以内に返さなければならない借金が1,000万円あるとしたら，今，どれくらいの流動資産を持っていればよいでしょうか。流動資産の中に現金預金が1,000万円あれば，借金を返すことができます。売掛金や受取手形があっても返せますが，売掛金や受取手形はつぎの商品を仕入れるために必要な資金ですから，できたら，返済には使わないほうがいいでしょう。

　棚卸資産は，現金にするためには，いったん販売しなければなりません。原材料であれば，これを使って製品を作り，それを販売するという手順を踏まなければなりません。いつ売れるのかも，いくらで売れるの

かも，正確にはわかりません。棚卸資産は，もし即時に売却して現金を手に入れようとしたら，仕入れ値を大幅に下回るかも知れません。

こうしたことを考えますと，流動負債が1,000万円あるとしたら，流動資産はそれ以上なければ返済できないでしょう。これまでの経験から，流動負債が1,000万円なら，流動資産はその倍，2,000万円くらい必要だといわれています。

つまり，1年以内に返済する借金が100あったら，返済の財源として流動資産を200以上持っていなければならないということです。これを，「**200％テスト**」とか「**2対1の原則**」と呼んでいます。

短期の借金を返済する能力を判定する指標には，もう一つ，「**当座比率**」というのがあります。つぎにこれを紹介しましょう。

当座比率は返済能力のリトマス試験紙

小学校の頃，酸性かアルカリ性かを知るために，リトマス試験紙を使ったことと思います。あれは便利なもので，赤色の試験紙を入れて青くなればアルカリ性，青い試験紙を入れて赤くなれば酸性と，実に簡単明瞭に判別できました。

会社の支払能力にもリトマス試験紙があればいいのにと，誰もが思うことでしょう。そうした希望をかなえてくれるアイデアが，**当座比率**です。この比率を使えば，借金の返済能力を簡単に判別できると考えられています。そのために，この比率を，リトマス試験紙と見て，**酸性試験比率**とも呼んでいるのです。

当座比率は，流動資産の何倍の当座資産を持っているかを計算するものです。

$$\text{当座比率} \atop \text{(流動資産の何倍の当座資産をもっているか)} = \frac{\text{当座資産}}{\text{流動負債}} \times 100\ (\%)$$

上に紹介した流動比率の場合は、流動負債を返済する財源として流動資産の全体を使うことを予定していました。ところが、流動資産のうち棚卸資産は、すでに書きましたように、即時に売ろうとすれば安く買いたたかれるか、売れないこともあります。

そこで、流動負債を返済する財源としての流動資産から、この棚卸資産を除外して、より確実な返済財源だけで支払い能力を判断しようとするのが、**当座比率**です。

この比率は、100％以上あることが望ましいといわれています。これを「**100％テスト**」とか「**1対1の原則**」と呼んでいます。

支払能力の総合的判定

これまでの話からしますと、流動比率よりも当座比率のほうが、より信頼できる指標のように感じるかも知れません。しかし、実務では、**当座比率は流動比率の補助比率**としてしか使われていません。なぜでしょうか。

当座資産は、即・現金化できる資産のことです。当座というのは、インスタントという意味で、換金に手間取らないということです。当座比率も、「借金をすぐに返済するとしたら」どれくらいの能力があるかを判断する指標です。

実は、この計算は、かなり現実からかけ離れた仮定の計算になります。負債（借金）には返済期限が決まっているものも決まっていないものもあります。すぐに返す負債もあれば、1年後のものもあります。それを、

今，いっせいに返済するとしたらという仮定で計算するのが当座比率なのです。

　流動負債は，1年以内に返済するとはいえ，すべてを今すぐに返済するわけではありません。したがって，当座比率は少し近視眼的な指標のようです。実際の支払いを考えますと，**企業の正常な営業活動を前提とした支払い能力**を知る必要があります。そうした分析には，**流動比率**の方が優れているようです。

　こうしたことを総合的に判断しますと，流動比率と当座比率を見比べながら，できるなら数期間の推移を見ながら支払い能力を判断するのが賢明なようです。

最新知識編

会計ビッグバン

　金融ビッグバンとか会計ビッグバンということがいわれますが，何のことでしょうか。

　ここでは，最近の会計の動向から，会社の決算や経営に強い影響を与えている2つの動きを取り上げます。それは，連結会計と時価会計です。

　いずれもアメリカの会計を取り込んだもので，よい面もありますが，わが国の実状に合わない面も目立ちます。

　では，会計ビッグバンの主役ともいうべき，国際会計基準の話からしましょう。

国際会計基準という黒船が来た

　最近，**国際会計基準**（International Accounting Standards：ＩＡＳ）というものが注目されています。これはいったい何でしょうか。簡単に紹介しましょう。

　30年ほど前に世界の主要国の会計士団体が集まって，**国際会計基準委員会**（ＩＡＳＣ：現在は**国際会計基準審議会　ＩＡＳＢ**）という組織を設立しました。日本の公認会計士協会も設立当時からのメンバーです。ＩＡＳＣの目的は，各国でばらばらに設定されている会計基準を国際的に調和化するためにスタンダードな基準を公表し，世界に広めることでした。

　ＩＡＳは，英語圏（英，米，カナダ）の会計基準をベースとして作成される傾向にありましたが，それでもアメリカ基準ほど詳細な規定は設けていません。そういうこともあって，アメリカの会計基準設定主体（**財務会計基準審議会：ＦＡＳＢ**）はＩＡＳを国際基準として認知する姿勢を示すことはありませんでした。それを見たわが国は，アメリカが認知しないような基準であれば国際的に通用することはないと考えて，ＩＡＳを真剣に国内基準に取り込むことはしませんでした。

　ところがその後，世界の主要国において証券取引等の監督業務を担当している役人たちの組織（**証券監督者国際機構：ＩＯＳＣＯ**）が，「多国籍企業が本国以外で行う資金調達の際に作成する財務諸表」の基準としてＩＡＳを認知する姿勢を示し始めたのです。

　ＩＯＳＣＯは，各国政府の証券監督官（わが国でいえば金融庁，アメリカなら証券取引委員会（ＳＥＣ）の役人です）の集まりですから，ここがＩＡＳを国際的に通用する基準として認めるとなると，アメリカ基

準はアメリカの会社にしか適用されないローカル基準になってしまいます。日本を初めとする多くの国をベースとしている会社は，アメリカ基準ではなく，IASに準拠して財務諸表を作るようになるでしょう。

そうでなくても，世界の資本市場は，アメリカ一辺倒から，EU市場との2極化が進行する気配が見えてきました。アメリカは，その動きに敏感に対応し，IASを認知する姿勢を示したのです。

あわてたのは日本です。それまで，アメリカが認知しないようなIASなら国際的に通用する基準となることもない，とばかり高みの見物を決め込んでいた大蔵省（当時）は，あわててIASを国内基準に取り込むことに「変心」しました。

絶妙のタイミングで，アメリカからは「日本の会計基準は国際的に通用しないので，会計改革を進めるように」といった圧力とともに，日本企業の英文財務諸表を監査した報告書の中に，「ここで開示されている財務諸表は，日本の基準で作成されたものであって，必ずしも国際的に有効なものではありません」という警告文（レジェンド）がつけられるようになったのです。1999年のことでした。

2000年には，プラハで開かれたG7において，日本に対して異例の勧告がなされました。それは，日本企業の経営改革を推進することでした。暗に，日本の会計基準が国際化していないために企業経営の革新が遅れていることを指摘したのだといわれています。

わが国における会計改革は，こうしたキッカケから始まりました。自発的な改革ではないことから，「動機が不純」だとも，「アメリカの圧力に屈した改革」ともいわれています。

では，具体的には，どういう会計改革が進められているのでしょうか。**日本版会計ビッグバン**の話をします。

会計ビッグバンとは何か

日本版ビッグバンとか**会計ビッグバン**ということをよく聞きます。いったい，何のことでしょうか。この話からしましょう。

ビッグバンとは，宇宙大爆発のことです。宇宙のことと会計ではまるで話が合いそうもありませんが，比喩として使われているのです。

宇宙は，100億年ほど前に，超高温，超高密度の状態から大爆発を起こして始まったという説があります。**ビッグバン宇宙論**です。

1986年にイギリスの証券取引所が証券制度の大改革をやりましたが，この大改革を当時の首相であったサッチャーさんが「ビッグバン」と命名したことから，「大きなものごとの始まり」とか「大改革」の意味でも使われるようになったのです。

橋本内閣の金融ビッグバン

橋本元首相がわが国の金融改革を提唱したとき，サッチャーさんを真似て「**金融ビッグバン**」と命名しました。日本版ビッグバンは，「**フェア（公正な市場），フリー（自由な市場），グローバル（国際的な広がりをもった市場）**」をうたい文句にしています。日本の金融市場を，「**フェアで，フリーで，グローバルな市場**」にしようというのです。

その金融ビッグバンの柱が2本あって，一つは「**規制緩和**」，もう一つは「**自己責任の原則**」でした。

以前は，預金の利率はどこの銀行に預けても同じでしたが，今では規制緩和によって金利や各種手数料が自由化されています。また，同じ金

融界にあっても，従来は，銀行・証券・保険という3つの業種間に兼業を禁止する規制があり，生保と損保の兼業も禁止されていました。今では，規制が緩和されて，コンビニにゆきますと，IYバンクがあったりキャッシュ・ディスペンサー（現金の支払機）があったりしますし，保険会社も，「**ニッセイ同和損害保険**」とか「**第一ライフ損害保険**」とか「**東京海上あんしん生命保険**」とか，生保と損保の会社が，それぞれ他の領域の保険子会社を作っています。金融界の規制は大幅に緩和され，このように垣根がずいぶん低くなったのです。

ところが，規制緩和の大合唱と大行進の中で，会計の規制だけはむしろ強化されてきました。「**連結財務諸表**」，「**時価会計**」，「**退職給付会計**」，「**税効果会計**」などといった新しい会計基準がどんどん作られ，商法や証券取引法の会計規定も改正され，会計の規制は強化されるばかりです。会計の世界が大きな変化を起こしていることから，一部ではこれを「**会計ビッグバン**」とも呼ばれています。

なぜ，規制緩和の時代に，会計だけが規制を強化されるのでしょうか。この話をするためには，もう一つの柱である「**自己責任の原則**」とはいったい何なのかを考えなければなりません。

■ 規制緩和と自己責任の原則

実は，規制緩和と自己責任という2つの柱は，対象が違うのです。**規制を緩和されるのは企業のほうで，自己責任を求められるのは投資家とか消費者といった国民のほうです。**

企業には規制を緩和して自由を与えるのですが，その企業にお金を預けたり，企業から製品を買ったり，企業に投資しようとする投資家や国民には，自己責任を求めるのです。

たとえば，上に述べましたように，企業に対しては，新しい金融商品の販売を認めたり，生命保険と損害保険というリスクの違う事業の兼業を認めたり，銀行が証券事業に参入するのを認めたり，**イトーヨーカ堂**のような異業種の会社が銀行業務（**ＩＹバンク**）を営むのを認めたり，社債の発行条件を緩和したりしています。

　銀行は，国民一般から資金を集めて，資金を必要としている事業会社や個人などに貸し付けるのが商売です。幅広く国民からお金を預かるのですから，事業は堅実であることが求められます。他方，証券事業は，ギャンブル性が強い事業です。もし，ある銀行が子会社を使って証券事業を兼業しているとしたら，その銀行は貸付けという堅実性が求められる事業と証券業というリスクの異なる事業を一緒に行っていることになります。

　あなたがその銀行にお金を預けているとしましょう。あるいは，あなたが，その銀行の株を買ったとしましょう。預金者や投資家が銀行の業務内容をちゃんと知っていないと，自分のお金が知らないうちにリスクの高い投資に使われていて，ある日突然，銀行が破綻してしまうかも知れないのです。でも，そうなっても，あなたは，文句を言えません。なぜなら，「**自己責任**」が求められているのですから。

　どこか腑に落ちないのではないでしょうか。少し，身近な例を挙げて，規制緩和と自己責任の話をします。こんな話を長々とするのは，現在の金融界・経済界の混乱やデフレ現象の一因，いや，けっこう大きな原因が，会計の制度改革（実質は，会計の制度改悪）にあるからです。しばらく，我慢して読んでください。

金融ビッグバンの命綱は会計改革

　身近な例を使って、「**金融ビッグバン**」と「**会計ビッグバン**」がどのようなものであるかを説明しましょう。

　わが国では、都会で犬を飼おうとすると放し飼いはできません。散歩に連れてゆくときも、ひもをつけてゆかなければなりません。これが「**犬を飼うときの規制**」です。「**規制緩和**」は、犬は放し飼いでいいし、散歩に連れてゆくときも、ひもはいらないというものです。

　もう一つの、「**自己責任の原則**」のほうは、道を歩いている人に対して、「犬が放し飼いにされているので、気を付けてください」「噛まれたら、あなたの責任ですよ」といっているのです。

　これは、「自由にやってよい」ということと、「責任は自分でとりなさい」ということを、別々の人にいっているわけですから、もともとは成り立たない話です。

　これを成り立たせているのが、「**会計規制の強化**」あるいは「**ディスクロージャー（情報公開）の徹底**」であろうと思われます。

　たとえば、今の犬の例でいいますと、この犬はかつて他人を噛んだことがあるとか、この犬はよく吠えるとか、この犬はフレンドリーであるとか、すでに狂犬病の予防注射を打ってあるとか、そういうことを正直にディスクローズするのです。

　今までよく座敷犬を飼っていても「猛犬注意」などと書いてありましたが、あれはインチキです。これからは、「うちの犬は座敷犬です」とか、あるいは、首のところに名札か何かをつけて飼い主が誰であるかを明示するとか、赤い札でもつけて予防注射済みを知らせるとか、そういうディスクロージャーを徹底するのです。

そうすれば，歩行者も，「ああ，あの犬は近づいても大丈夫だ」とか「あの犬はちょっと避けて通ったほうがよさそうだ」とかいう判断を下す情報が手に入ることになります。

わが国で行われているビッグバンは，そうした意味では，**必要な情報が，適時に，徹底して公開されるかどうか**にかかっているといえます。

日本の経済界を見ていますと，ここのところずっと，**粉飾**や**利益操作**をしたり，**損失の飛ばし**をしたり，消費者からのクレームを隠したり，賞味期限を書いたラベルを貼り替えたり，原産地をごまかして書いたり，あまり正直な経営や会計をしてこなかったのではないかと思われます。そんなときに，ある日突然，「**金融ビッグバンですから，あなた方も，今日から正直になってください**」といわれて，果たして，日本の経営者がそろって心を入れ替え，自分に都合のいいことも悪いことも正直に報告するようになるのでしょうか。

もしも，これからも日本の企業が不正やら隠しごとを繰り返すようですと，投資大衆あるいは国民は情報公開による保護を受けることができません。そうなると，投資家や消費者に「自己責任」を求めることができなくなります。企業の会計報告が厳正に行われない限り，今回の金融ビッグバンは，会計のところから崩れてしまう危険があるのです。

そうしたことを考えますと，わが国の金融ビッグバンが成功するかどうかは，**情報公開に対する経営者の意識改革**と，**公開される情報の妥当性**と，そうした**情報を検証する会計監査が正常に機能するかどうか**にかかっているのではないかと思われます。

前の方で，規制緩和の大合唱と大行進の中で，会計の規制だけはむしろ強化されてきたということを書きました。「連結財務諸表」，「時価会計」，「退職給付会計」，「税効果会計」などといった新しい会計基準がどんどん作られ，商法や証券取引法の会計規定も改正され，会計の規制は強化されるばかりです。なぜ，規制緩和の時代に，会計の規制だけが強

化されるのか，おわかりいただけたと思います。会計の規制を強化しないと，規制緩和ができないのです。

会計制度改革の柱

会計ビッグバンは，**会計制度改革**とも呼ばれています。「改革」というからには，改革すべき何かがなければなりません。そこでは，改革されるべき「悪者」がいるはずです。

会計の世界で「悪者」とされたのが，**商法の個別決算**であり**取得原価主義会計**でした。前者も後者も，利益操作の元凶とされ，しかも，国際的な動向に遅れたものとされました。国際的な動向は，**連結決算**であり**時価主義会計**であるとして，会計ビッグバンが導入したのが，大きなテーマでいいますと，**連結財務諸表，金融資産の時価評価，退職給付債務の計上**でした。後の2つは，資産の時価評価と負債の時価評価です。

いいことずくめの会計ビッグバン

この3つのテーマに関する解説本はちまたにあふれています。これらの解説本を読みますと，会計ビッグバンは，まさに「いいことずくめ」です。

新しい**連結財務諸表**では連結対象を決める基準が支配力基準になり，これまで意図的に連結対象から外してきた関連会社に債務や損失を「飛ばす」ことができなくなるとか，**時価会計**によって含み益を使った益出しや原価法による損失隠しができなくなるとか，**退職給付債務の基準**により隠れ債務が明らかになる，などと期待されています。

プラスの面だけを聞かされますと，反論する余地もありません。しかし，ものごとには必ず，マイナスの面もあるのです。会計ビッグバンのプラスの面については，世にあふれている解説本を読んでいただくとして，本書では，今回の会計ビッグバンのタイミングや手段が適切であったかどうかについても，述べたいと思います。今後の企業経営を引っ張ってゆく皆さんには，会計ビッグバンの本当の姿を，そしてまた，会計ビッグバンが企業経営を破滅に追い込むだけではなく，日本の経済界を破壊する時限爆弾みたいなものだということを知っておいてもらいたいからです。

以下では，**連結財務諸表**と**金融商品の時価会計基準**について，何のために，何がなされようとしているのか，それがいかなる問題をはらんでいるのかをお話しします。

黒船その1：「真の実力を示す連結財務諸表」

これまで日本では，個々の企業が行う決算が重視され，利益の計算も，配当も，課税もすべて個別の企業を単位として行われてきました。法的な実体（企業単位）を計算の単位としてきたのです。そこで作成される財務諸表は，**個別財務諸表**といわれ，また**連結**に対比して**単体**とも呼ばれます。そこで行われる決算を**単独決算**と呼ぶこともあります。

大規模な企業の場合，たいていは，単独で事業を展開するのではなく，たくさんの企業が集まってグループとして活動します。たとえば，**日立製作所**は1,000社を超える子会社を持って事業を営んでいますし，**本田技研工業**も子会社が300社を超えています。

こうしたグループを構成する会社群の場合，親会社（あるいは子会社）だけの会計数値（財務諸表）を入手しても，会社やそのグループの実態

をつかみきれないことがあります。

　たとえば，親会社の売上げが伸び悩んだときには，**不良在庫**（売れそうもなくなった製品）を子会社に高く売りつけたり，子会社の在庫を安く仕入れたりして親会社の利益を嵩上げすることも行われます。親会社の土地を子会社に売ったことにして利益を出すこともあります。親会社が儲けすぎて社会から批判されそうになると，親会社の利益を子会社に付け替えたりもします。

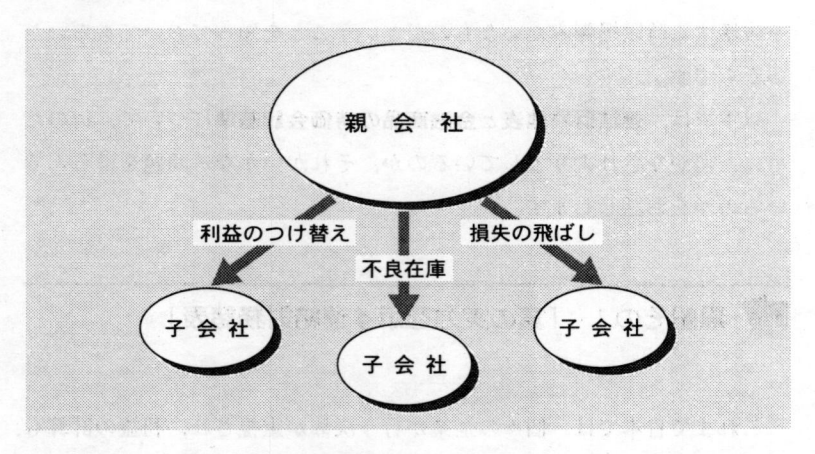

```
                    ┌─────────┐
                    │ 親 会 社 │
                    └─────────┘
         利益のつけ替え  │   損失の飛ばし
         ↙          不良在庫     ↘
              ↓
   ┌───────┐  ┌───────┐  ┌───────┐
   │ 子会社 │  │ 子会社 │  │ 子会社 │
   └───────┘  └───────┘  └───────┘
```

　このように，親会社の「**単独決算**」は，必ずしもその会社の経営実態を表さないことから，親子会社の業績をひとまとめにした財務諸表を作るのがよいとされるようになりました。こうして作成されたのが**連結財務諸表**です。単独決算に対比して「**連結決算**」といいます。

　連結決算というのは，同じ企業集団（資本を共にするグループ）に属する会社群の会計数値を合算することです。ただし，単純に親会社と子会社の数値を合算するのではなく，グループ内での取引（**内部取引**）は，取引がなかったものとして扱われます。たとえば，親会社が子会社に製品を販売したようなケースでは，子会社がその製品をグループ外部の者に販売しない限り，販売されていないものとして処理するのです。そう

すれば，親会社が成績をよく見せようとして，子会社に製品を高く売りつけても，連結決算では売上げから除外されるのです。連結は，こうして親会社の決算操作を防止するためにも有効だと考えられています。

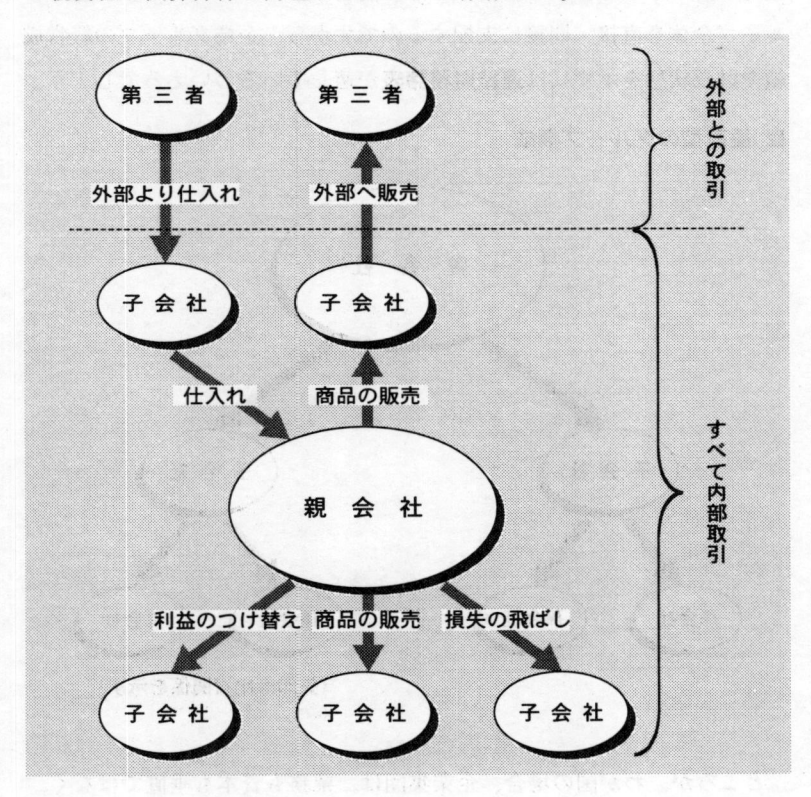

図中：
- 第三者 → 子会社：外部より仕入れ
- 子会社 → 第三者：外部へ販売
- （以上）外部との取引
- 子会社 → 親会社：仕入れ
- 親会社 → 子会社：商品の販売
- 親会社 → 子会社：利益のつけ替え
- 親会社 → 子会社：商品の販売
- 親会社 → 子会社：損失の飛ばし
- （以上）すべて内部取引

垂直型の企業集団とクモの巣型企業集団

　連結財務諸表は，英米の企業集団を想定して作られる決算書です。英米の企業集団は，親会社がメーカーなら子会社が販売会社，孫会社はア

フターサービスの会社というように業務が垂直型です。資本も，親会社が子会社の資本を出し，子会社が孫会社の資本を出すというように垂直型です。こうしたグループ構成を取る場合は，トップにいる親会社がグループ全体を直接・間接に支配するのですから，企業グループの経営成績や財政状態を示すには**連結財務諸表**が適しているといえるでしょう。

■ 垂直型のグループ構成

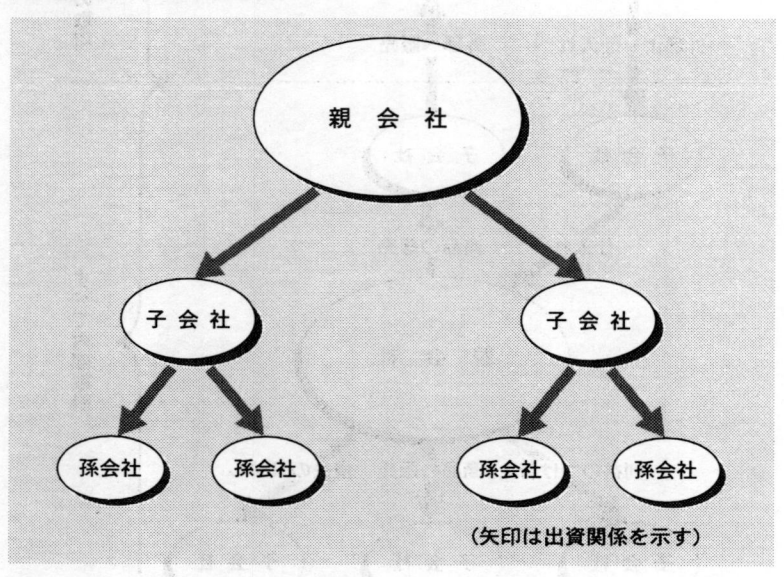

（矢印は出資関係を示す）

ところが，わが国の場合，企業集団は，業務も資本も垂直ではなく，水平型が多いのです。企業集団の中にいくつもの中核会社があって，それらがクモの巣のようなネットワークを構成しています。たとえば，**日立製作所**は総合電機のトップメーカーですが，この会社を親会社として，**日立電線，日立金属，日立化成，日立建機，日立キャピタル，日立マクセル**など業種を異にする会社がグループを構成しています。ここに名を挙げた会社はすべて証券取引所に上場している大規模会社ですから，株

主も多数います。

　もちろん、英米でも、事業を多角化した会社はたくさんあります。しかし、子会社を上場して資金を集めるようなことはしません。子会社の資金が必要なら、親会社が証券市場から調達して子会社に提供します。わが国の会社が子会社を上場して資金を集めるのは、英米流の「**資本の論理**」からは説明がつきません。

　わが国の企業集団の場合、業務も垂直型ではありませんし、資本も垂直型ではありません。どちらかといいますと、**クモの巣型**とか**ハニカム（蜂の巣）構造**とでもいうべき構造で、多くの場合、お互いに株式を持ち合うことを通して結びついているのです。

■ ハニカム構造のグループ構成

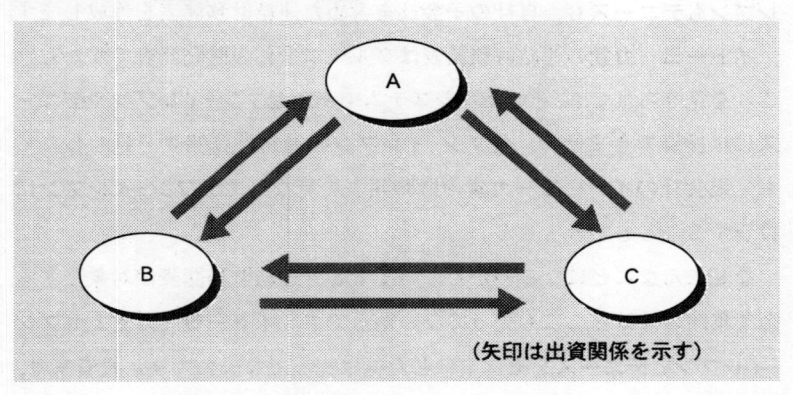

（矢印は出資関係を示す）

　こうした企業集団の場合、これらを連結した財務諸表を作成しても、業務や資本が垂直的に結びついていませんから、グループ全体の財政状態や経営成績を適切に表すことは期待できません。

「企業集団の株」は売っていない

　また，グループの連結財務諸表を見せられても，投資の意思決定に役に立つとはいいがたいところがあります。なぜなら，**日立製作所**グループの連結財務諸表を見せられても，**日立グループ**という株は売っていないからです。

　イトーヨーカ堂は，セブン-イレブン・ジャパンやデニーズジャパンの親会社です。どちらも証券取引所に上場しています。**イトーヨーカ堂**は，**セブン-イレブン**を含めた連結財務諸表を作成しますが，**セブン-イレブン**も**デニーズ**も，自社の子会社を含めた連結財務諸表を作成します。

　イトーヨーカ堂の連結財務諸表はグループ全体の財務諸表ですから，これを見せられても，そのサブシステムである**セブン-イレブン**や**デニーズ**には投資できません。**セブン-イレブン**の連結財務諸表を見せられても，親会社の**イトーヨーカ堂**の財務諸表を見ないで**セブン-イレブン**に投資することもできません。

　なぜこんなことになるのかといいますと，連結財務諸表が対象とする企業集団の株はどこにも売ってないからです。**イトーヨーカ堂**と**セブン-イレブン**と**デニーズ**をセットにした株は売ってないのです。投資家は，**日立グループ**の株を買うのではなく，**日立製作所**とか**日立金属**といった個々の会社の株を買うしかないのです。

　そういうことからいいますと，**連結財務諸表**は，企業集団の決算書というものではなく，**企業集団の概要とか全体像を伝えるための情報**に過ぎないのです。**個別の財務諸表は定時の株主総会で承認**を受けますが，連結財務諸表はそうした総会もなければ承認を受けることもありません。親会社が作って公表しますが，グループ内企業の株主が連結決算に不満

なり異議があっても，それを取り上げる場もありません。**連結財務諸表に計上される利益**に対して，どこかの株主が配当を受ける権利があるわけでもありません。

そういうことを考えますと，連結財務諸表は，個別財務諸表とはまるで次元が違う書類だということがわかると思います。個別財務諸表は，利益を確定し，配当財源を計算する計算書ですが，連結財務諸表はそうした「**決算の手続き**」を経た書類ではありません。

後の方で，比較的資本の結びつきが強い企業グループを取り上げて，連結財務諸表の読み方をマスターします。そこでは，**連結財務諸表**が決算書というよりは，**企業集団の概況や全体像を描いた会計情報**にすぎないということを前提にして，企業集団情報の分析方法を述べています。

黒船その2：「含み経営を排する時価会計」

数年前から，「**時価主義**」とか「**時価会計**」という言葉が，新聞や雑誌にひんぱんに出てくるようになりました。わが国では，1999（平成11）年に，企業会計審議会という大蔵大臣（現在は金融庁長官）の諮問機関から「**金融商品に係る会計基準**」が公表されて，2001年9月から適用されています。

時価会計では，企業が所有している有価証券やデリバティブなどの金融商品を期末の時価（売価・取引価格）で評価し直して，原価よりも時価が大きければ利益（**評価益**）を出し，小さければ損（**評価損**）を出します。実際には有価証券を売っていないのですが，「**売ったことにして**」**財産と利益を計算**するのです。

何のために時価会計を始めたのでしょうか。多くの人たちは，企業が持っている財産の実態を明らかにし，含み益を使った不透明な経営をや

めさせるためだといいます。

■「含み経営」とは何か

「**含み経営**」とはこういうことです。これまで企業は，期末近くになって，その年の利益が少ないということがわかってきますと，買ったときよりも値上がりした株，つまり含みの大きい株などを売却して利益を捻出してきました。買ったときの原価よりも時価が大きくなったとき，その差額を「**含み**」とか「**含み益**」といいます。その含みのある株を売って利益を出すことを「**益だし**」といいます。

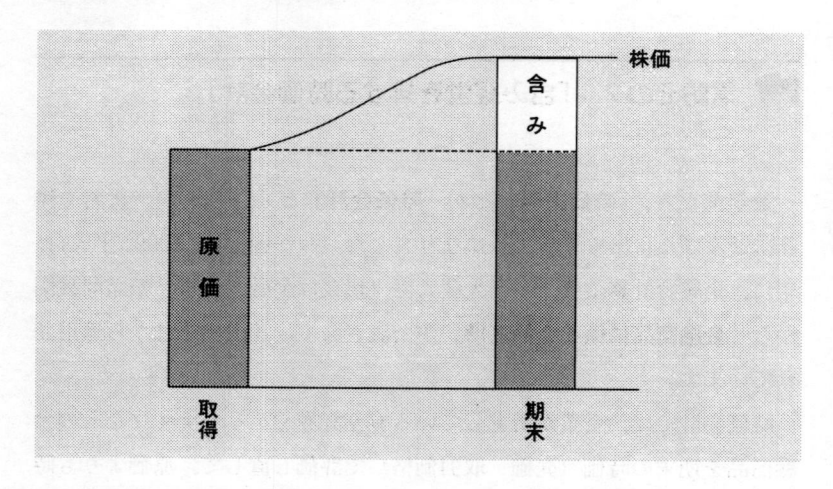

これまで企業は，当期の利益が不足しそうになってきたり，予想外の損失が発生したりしたときに，含み益を使って利益を確保したり損失を帳消しにしてきました。これが「**含み経営**」です。そうした意味では，これまで企業が保有する有価証券は「**利益の貯金箱**」だったのです。

時価会計は，この貯金箱を開けて，企業が好き勝手に使えないように

カラにしようというものです。表現を変えますと，財務諸表に企業の「丸はだかの姿」を写させようというのです。

時価会計にすれば企業の「本当の姿」「はだかの姿」が写るのであれば，時価会計はすばらしいものです。果たして，時価会計にはマイナスの面はないのでしょうか。

先に述べましたように，時価会計では，持っている有価証券などを「期末に売っていたら」ということを前提にして財産と利益を計算します。それも，「期末の時価で売った」ことにして計算します。

証券市場の知識が少しでもあるとわかることですが，市場で成立した価格（期末の時価もそうです）というのは，遅れていったバーゲンセールの特価みたいなものです。そのときに市場に参加していなければ利益もバーゲンの特価も自分のものにできません。

▶ 時価主義は「捕らぬ狸の皮算用」

日常では，こうした「手にしていない利益」（株の売却益やバーゲンの特価）を「捕らぬ狸の皮算用」といいますが，時価会計では「狸を捕ったことにして」皮算用するのです。

時価会計の考え方をもう少し正確にいいますと，「期末に売りに出して，持っている株がすべて時価で売れた」という仮定で財産と利益を計算します。果たして，その仮定に合理性があるのでしょうか。

トヨタ自動車の源流は，**豊田自動織機**という会社です。もともとは繊維機械の会社でしたが，今では，トヨタ車の組み立て，カーエアコン用のコンプレッサー製造など，**トヨタ自動車**の子会社のような仕事をしています。ところが，子会社みたいな目立たない会社が，実は，**トヨタ自動車**の筆頭株主で，発行株式の5.4％，およそ2億株も持っています。

その**豊田自動織機**が**トヨタ自動車**の株を売ろうとしたら、この２億株は売れるでしょうか。**トヨタ自動車**の株は、現在、１株3,600円前後で取り引きされています。もし、２億株のすべてが3,600円で売れるとすれば、この会社は7,200億円という巨額の資金を手に入れることができます。

しかし、２億株もの**トヨタ自動車**株を売りに出せば、株価は暴落しますし、**トヨタグループ**が買い取らない限り、全部を市場が吸収することなど夢物語です。

時価会計の基準は、こうした１社が保有する株を考えても夢物語に過ぎないのに、わが国企業がこぞって有価証券を売りに出しても、「すべて時価で売れる」ことにして財産と利益を計算するのです。

値が上がった株をいつ売るかは、本来は経営者の**経営判断**です。本業の利益が少なければ、持っている株を売却して利益を出すのは経営者として当然の行為です。損失が出れば、何かで穴埋めしなければなりません。経営者はその穴埋めのために益出しをしてきました。ところがそうした経営判断が、投資家を惑わすものだとして非難されるのです。

▓ 「含み経営」は美徳ではないのか

どこの家庭にも、非常時に備えた米・水・缶詰・乾電池・ローソクくらいはあるでしょう。農業国の民は「アリ」ですから、必ず「食糧倉庫」を持っています。わが国でも、藩も商家も余裕が出たら「蔵」にしまい込んできました。子どもたちでさえ「貯金箱」を持っています。これが、「含み」です。「蔵の中身」をどう使うか、「含み」をどう使うかは、藩主の、経営者の判断です。

上にいいましたように、時価会計は、こうした「蔵の中身」や「貯金

箱」を勝手に使えないように，カラにしてしまおうというのです。

　私は，含みを持つことは経営者として当然のことであり，むしろ経営者の美徳だと思います。「蔵」も「含み」もない会社にはとても安心して投資などできません。ただ，「蔵の中身」「含み」がいくらあるかは知っておきたいところです。投資家のことを考えたら，時価会計で丸はだかにするのではなく，いくらの「含み」「余裕」があるかを知らせる方がよいのではないでしょうか。なにせ，丸はだかにされた会社の財務諸表には，**売れもしない有価証券を「売れたことにして計算した利益」**がたっぷり入っているのです。この財務諸表を信用して投資しようものなら，きっとババ抜きゲームのジョーカーをつかまされかねません。

■「含み損益」の扱い

　では，時価会計は，含み経営の排除に成功したのでしょうか。そのことを話す前に，時価会計では，含み益をどのように扱うのかを見ておきます。

　時価会計基準によれば，「**売買目的で所有する有価証券**」の含み損益は，当期の損益計算書に計上されます。ただし，商法の規定により，評価益が出ても配当に回すことができません。

　社債や国債のように満期がある債券の場合は，それを満期まで所有する意図があるかどうかで含み損益の扱いが違います。**満期まで保有する目的の債券**は，満期日には額面額で償還されるので，満期までの間に価格変動があっても，とりあえず無視することができます。そのために，満期保有目的の債券は，原価（買値）をもって貸借対照表に記載することになっています。

　子会社の株式や**関連会社の株式**を所有している場合は，たとえそれら

が証券取引所に上場されていて時価がわかる場合でも，原価で貸借対照表に記載します。

英米では，子会社の資本は親会社が用意しますが，わが国では，親会社が子会社を上場して，子会社の資本を証券市場から集めるということが行われます。英米の資本の論理からは説明が付かないことですが，わが国では，子会社を上場させると親会社の箔(はく)がつくと考えられているようです。

そんなことから，子会社でも時価がわかるものがあるのです。しかし，時価会計の基準では，**子会社株式**は市場価格（時価）がわかっても取得原価で貸借対照表に記載するのです。

それには，いくつかの理由があります。会計基準を作った企業会計審議会では，**子会社株式は事業投資と同じ**なので，時価の変動を財務活動の成果とは考えない，といっています。関連会社株式についても，事業投資と同様の会計処理をすることが適当だとしています。

ちょっとわかりにくいかもしれませんが，要するに，子会社等への投資は証券投資ではなく，事業への投資だというのです。親会社が新規の事業を始めるときに，親会社の一部門としてではなく，子会社を作って事業を始めると考えるのです。この場合，子会社への投資は，子会社「株式」への投資ではなく，「子会社の事業」への投資だと考えるというのです。

子会社の事業に投資したとすると，その投資の成果は「子会社から受け取る配当」ということになります。子会社の株価が変動しても，それは投資とは関係ないと考えるのです。これが，**子会社株式を時価評価しない根拠**です。

この解釈は，**投資の理論**からかなり離れています。投資の理論からすれば，ある投資の収益は，**インカム・ゲイン**（投資期間中の利益・利息の受取額）と**キャピタル・ゲイン**（投資の売却益）の合計を指します。

A社の株を500円で買ったところ，1年間に5円の配当を受け取ったとします。これが**インカム・ゲイン**（配当や利子の収入）です。このA社株を直に600円で売却したとしますと，100円の売却益（これが**キャピタル・ゲイン**）が手に入ります。

　このケースでは，5円が事業投資への利益，100円が株式投資への利益です。時価会計基準は，子会社への投資について，インカム・ゲインだけを認識し，キャピタル・ゲインを無視するのです。世界中探しても，そんな投資家はいないと思います。

　子会社株式を時価評価しないのは，株価操作が可能だという理由もあります。子会社の業績は，親会社の都合や意図でどうにでもなります。子会社の株価を引き上げようとするなら，子会社に儲けの大きい取引を回したり，原価よりも安く製品を回したり，新製品を独占的に販売させるといった手が打てます。子会社の株価は，ある程度まで，親会社がコントロールできますから，時価評価の対象にすると親会社が利益操作に使うこともあり得るのです。そうした事情もあって，子会社株式は原価で貸借対照表に記載するのです。

　他方，「**その他有価証券**」（主に，**持ち合い株**）の含み損益は，原則として，資本の部に計上されます。なぜ当期の損益としないのかといいますと，「その他有価証券」の含み益はいつ実現できるかわからないからだというのです。

専門用語を覚えよう！

- **キャピタル・ゲイン**──資産の売却益のこと。**資本利得**ともいいます。投資（キャピタル）自体に生じる値上がり益の意味です。

- **インカム・ゲイン**──投資の果実のこと。投資そのものの価値の増加ではなく，配当や利子のように投資から生じる収入をいいます。

時価会計基準を読みますと，暗黙のうちに，3段階の「**実現**」（本物の利益になること）を想定しているようです。第一の段階は，「有価証券の含み益は売却によってすでに『実現』している」というレベルであり，第二の段階は，「売買目的有価証券の含み益は『いつでも実現可能』だ」というレベルで，第三の段階は，「その他有価証券の含み益は『いつ実現するか不明』である」というレベルです。

　商法はこのうち，第一のレベルに達した利益（売却益）だけを配当可能な利益とし，第二と第三の段階にある含み益は配当できないとしたのです。

■ 温存された「含み経営」

　第一のレベルに達した含み益は，会計上も商法上も当期の利益であり，配当可能とします。その利益が「売買目的有価証券」の含みであるか，「その他有価証券」の含みであるかは問いません。売買目的であれ持ち合い株であれ，どれも売らなければ配当可能利益にならず，売ればその期の配当可能利益となるのです。**利益を出したいときに含みのある有価証券を売れば，配当可能利益を出せる**というのですから，これぞまさしく「**含み経営**」です。

　今回の時価会計は，透明性を高め，含み経営を排除することが目的でした。しかし，実際に設定された時価基準と商法を組み合わせてみますと，もくろみとは逆に，含み（経営）を温存するものになってしまっているのです。

　これが，時価会計基準の実態です。今の時価会計では，財務諸表の上だけの時価評価で，上で述べましたように，評価益を計上しても**配当可能利益**は増えませんし，持ち合い株（その他有価証券）の評価益には税

金も課されません。つまり，商法や税法は，会計の時価評価を否認しているのです。

デフレ下の時価会計——債務超過の恐怖

そうしたことからしますと，評価益が出るような状況においては，とりあえず，時価評価はそれほど危険なものではないようです。しかし，今日のように，デフレが進行し，巨額の評価損が出るような状況になりますと，時価評価は凶暴です。当期の利益を吹き飛ばすどころか，自己資本に食い込み，さらには会社を**債務超過**に追い込むのです。債務超過は破産原因の一つになります。

時価会計は，経営の透明性を高め，経営者の恣意的な操作を排除する万能薬のごとく賛美されていますが，実態はまるで違うのです。

■ **債務超過の状態**

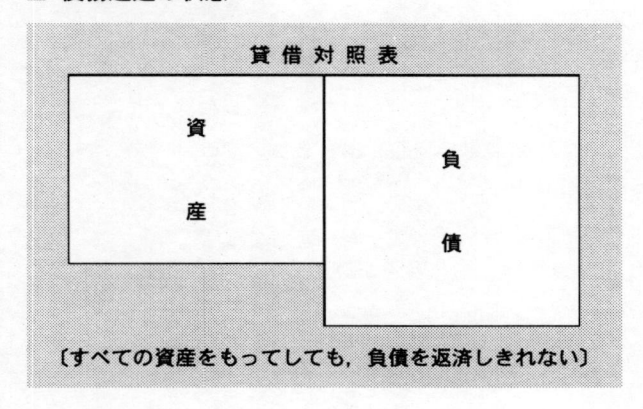

貸借対照表
資産　　　負債
〔すべての資産をもってしても，負債を返済しきれない〕

応用知識編

トップ・マネジメントの会計常識

　企業の規模が拡大し，支店や工場ができ，子会社や関連会社が増え，海外に進出するようになりますと，管理職の皆さんも，大所高所から経営を分析する目を養うとともに，ビジネス・リスク（破綻のリスク）を回避するテクニックを身につけなければなりません。

　「応用知識編」では，企業集団を見る目を養うために「連結財務諸表を読むテクニック」を紹介し，さらに，ビジネス・リスクに備える知識を身につけるために，「資金繰り」と「キャッシュ・フロー計算書」を取り上げます。

　また，企業が持続的に発展を続けるには，将来の動向を正確に読む必要があります。そこで，将来の動向のなかでも最も重要な「売上高」を予測する技法を紹介します。本編は，いわば「トップ・マネジメントのための会計常識」といってよいでしょう。

CHAPTER 1
連結財務諸表を読むポイント

企業集団とは何か

　わが国には，「**ゆるやかな企業集団**」と「**親子会社としての企業集団**」があります。後者は，前者のサブシステム（大グループの中の小グループ）である場合が多いようです。

　たとえば，わが国では，戦前の旧財閥に属していた企業を中心に形成された**三井**，**三菱**，**住友**という企業集団と，銀行が取引先企業を中心に形成した**芙蓉**（**富士銀行**系列），**三和**，**第一勧銀**という企業グループが有名です。最近，**第一勧銀**，**富士銀行**などが統合して「みずほホールディングス」ができましたので，**芙蓉**グループと**第一勧銀**グループが一つになると見られています（各グループに所属する企業の名前は145頁を参照）。

　こうした企業集団は，親会社と呼ぶべき企業がなく，集団内の会社がお互いに株式を所有し合ったり，資金やモノを融通し合ったり，互いに製品を購入し合ったりという形で，結束しています。親子会社のような

強い結束ではなく，ゆるやかな結束で結ばれているのです。

■ **ゆるやかな企業集団の例**

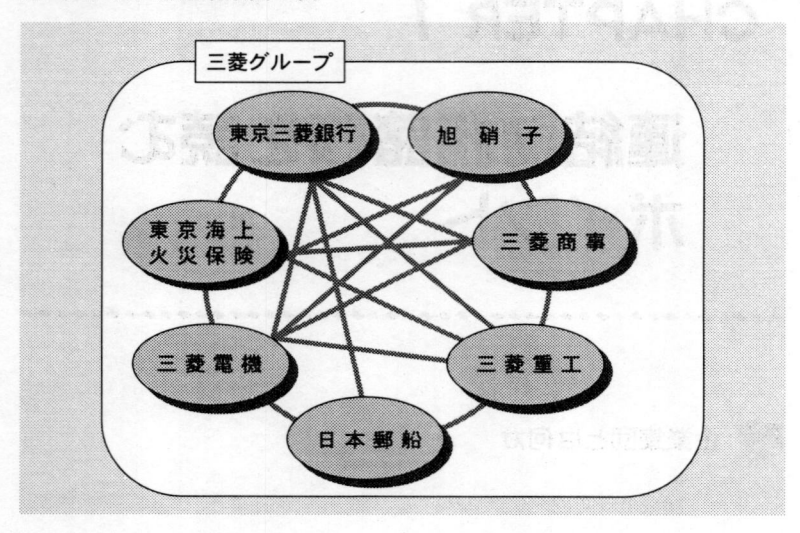

```
         三菱グループ
    東京三菱銀行     旭 硝 子
 東京海上
 火災保険           三菱商事
    三菱電機        三菱重工
          日本郵船
```

　ゆるやかな結束で結ばれている企業集団の場合，資本の結びつきもゆるやかですから，企業集団全体を一つとした財務諸表は作成されません。連結財務諸表を作成するのは，**三菱グループ**のサブシステムを構成する「**三菱重工業**」であり「**東京三菱銀行**」であり「**東京海上火災保険**」なのです。ですから，こうした企業集団の場合，グループ全体の実態を知ろうとしても，連結財務諸表からは知ることができません。

　親子会社としての企業集団は，たとえば，**イトーヨーカ堂**を親会社として，**セブン-イレブン・ジャパン**，**デニーズジャパン**などを子会社とする**イトーヨーカ堂グループ**，日立製作所を親会社として，**日立金属，日立建機，日立化成工業，日立電線，日立マクセル，日立電子**などを子会社とする**日立グループ**など，数多くあります。

■ 親子会社としての企業集団の例

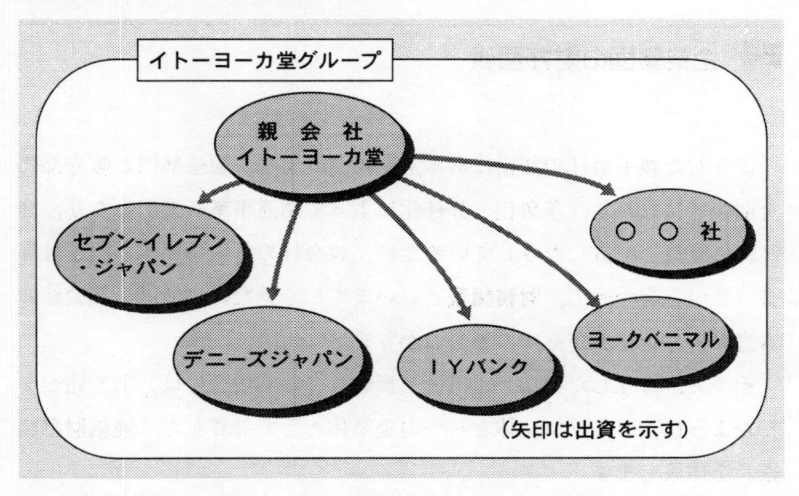

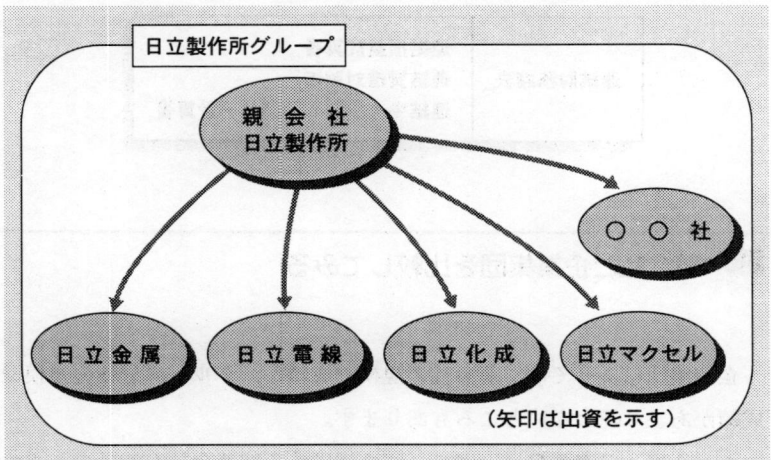

イトーヨーカ堂グループ
- 親会社 イトーヨーカ堂
  - セブン-イレブン・ジャパン
  - デニーズジャパン
  - IYバンク
  - ヨークベニマル
  - ○○社

（矢印は出資を示す）

日立製作所グループ
- 親会社 日立製作所
  - 日立金属
  - 日立電線
  - 日立化成
  - 日立マクセル
  - ○○社

（矢印は出資を示す）

　親子会社としての企業集団は，資本の関係が濃厚です。通常，子会社の資本を親会社が出し，孫会社の資本を子会社が出します。こうした資本関係の集団の場合は，連結財務諸表が集団の実態を表すといってよいでしょう。

企業集団の財務諸表

　こうした親子会社の関係にある企業集団の場合，製造部門と販売部門を別会社にしたり，多角化・分社化によって関連事業に進出したり，地区別に販社を配置したりしているため，親会社の貸借対照表と損益計算書（2つを合わせて，**財務諸表**といいます）を見ただけでは，親会社の本当の姿も企業グループの姿もわかりません。

　そこで，こうした企業グループを形成している場合には，上で述べましたように，グループ全体を一つの企業体として計算した「**連結財務諸表**」を作成します。

連結財務諸表	連結損益計算書 連結貸借対照表 連結キャッシュ・フロー計算書

親会社と企業集団を比較してみる

　企業集団によっては，親会社の規模や成績と，グループ全体の規模や成績があまり違わないところもあります。

　たとえば，**日清食品**は，グループを構成する関連会社が22社ありますが，親会社の総資産が2,900億円（2001年）であるのに対して，企業集団の総資産は12％増の3,250億円にしかならず，売上高で見ても親会社が2,500億円であるのに対して，企業集団の売上高は22％増の3,050億円どまりです。経常利益も，親会社が260億円，グループが290億円ですか

CHAPTER 1　連結財務諸表を読むポイント　◆——189

ら，単体（**日清食品のこと**）で見た場合と企業集団（**日清食品グループ**——連結財務諸表）で見た場合に，大きな違いはないようです。

ところが，**本田技研工業**とか**ＮＴＴ（日本電信電話）**などの場合は，親会社と企業集団の規模がまるで違います。親会社だけの情報からグループ全体を判断することはできませんし，グループの財務諸表（連結）だけで親会社を判断することもできません。

■ **ＮＴＴとＮＴＴグループの規模**　2001年3月期（単位：億円）

	ＮＴＴ	ＮＴＴグループ	倍率（倍）
売　上　高	3,228	114,141	35.3
経　常　利　益	839	7,260	8.6
総　資　本	81,795	212,141	2.6
従　業　員　数	3,314名	215,231名	64.9

■ **本田技研と本田技研グループの規模**　2001年3月期（単位：億円）

	本田技研	本田技研グループ	倍率（倍）
売　上　高	30,420	64,638	2.1
経　常　利　益	1,373	3,849	2.8
総　資　本	17,658	56,674	3.2
従　業　員　数	28,513名	114,300名	4.0

▌貸借対照表を比べてみる

最初に，**本田技研工業**のデータを使って，親会社と企業集団の**百分率財務諸表**を作ることにしましょう。

つぎの2つの図表は，**本田技研**（親会社）と企業集団（連結）の貸借対照表です。

本田技研の個別貸借対照表　（2001年3月31日）

（単位：億円）

資　産		負　債・資　本	
当 座 資 産	3,631 (20.5%)	流 動 負 債	4,961 (28.0%)
		負 債 合 計	5,291 (29.9%)
流動資産合計	6,594 (37.3%)		
		資 本 金	860 (4.8%)
		法定準備金	1,853 (10.4%)
有形固定資産	5,847 (33.1%)	その他の剰余金	9,300 (52.6%)
固定資産合計	11,063 (62.6%)	資 本 合 計	12,366 (70.0%)
資 産 合 計	17,658 (100%)	負債・資本合計	17,658 (100%)

本田技研の連結貸借対照表　（2001年3月31日）

（単位：億円）

資　産		負　債・資　本	
当 座 資 産	16,206 (28.5%)	流 動 負 債	27,612 (48.7%)
		社　債・長期借入金	3,681 (6.5%)
流動資産合計	25,989 (45.8%)	負 債 合 計	34,371 (60.6%)
金融子会社保有長期債権	13,049 (23.0%)		
		資 本 金	860 (1.5%)
		法定準備金	2,004 (3.5%)
有形固定資産	12,546 (22.1%)	利益剰余金	24,282 (42.8%)
		資 本 合 計	22,309 (39.3%)
資 産 合 計	56,674 (100%)	負債・資本合計	56,674 (100%)

CHAPTER 1　連結財務諸表を読むポイント　◆―― 191

　2つの貸借対照表を見て，目を引くのは，親会社とグループの規模の差です。総資産で比べてみますと，グループ全体では，親会社の3.2倍も大きいのです。また，親会社（**本田技研**）のときには自己資本が70％もあったのが，連結（**本田技研グループ**）になると，40％を割っていること，親会社だけで見ると流動負債は28％しかないのに，連結になると50％近くになること，なども目につきます。親会社だけで見ると負債の返済能力は高そうですが，グループで見るとそうでもなさそうです。

　借金の返済能力を見るために，**流動比率**を計算してみましょう。

$$流動比率 = \frac{流動資産}{流動負債} \times 100 \ (\%)$$

　流動比率は，**短期的な支払能力を見る指標**で，流動負債（短期借入金や支払手形など）を即時に返済するには200％以上あることが望ましいといわれています。

$$本田技研の流動比率 = \frac{6,594億円}{4,961億円} = 132.9\%$$

$$本田技研グループの流動比率 = \frac{25,989億円}{27,612億円} = 94.1\%$$

　親会社だけで見ると，130％台ですが，グループとしては，「借金の返済能力」が100％以下に落ちます。連結財務諸表を作ってみますと，親会社の財務諸表からは読めないこともわかるのです。

損益計算書を比べてみる

つぎの2つは，**本田技研**の損益計算書と企業グループの連結損益計算書です。

本田技研の個別損益計算書
（自2000年4月1日　至2001年3月31日）　　　　　　（単位：億円）

	金　　額	%
売 上 高	30,420	100
売 上 原 価	21,389	70.3
売上総利益	9,030	29.7
販売費・一般管理費	7,860	25.8
営 業 利 益	1,170	3.8
営業外収益	890	2.9
営業外費用	686	2.2
経 常 利 益	1,373	4.5
特 別 利 益	95	0.3
特 別 損 失	1,094	3.5
税引前当期純利益	374	1.2
法人税・住民税	400	1.3
当期純利益	113	0.3
前期繰越利益金	229	—
当期未処分利益金	235	—

CHAPTER 1　連結財務諸表を読むポイント　◆―― 193

本田技研の連結損益計算書
（自2000年4月1日　至2001年3月31日）　　　（単位：億円）

	金　　額	%
売　上　高	64,638	100
売　上　原　価	45,573	70.5
売上総利益	19,065	29.5
販売費・一般管理費	11,466	17.7
研究開発費	3,528	5.4
営　業　利　益	4,069	6.3
営業外収益	207	0.3
営業外費用	426	0.6
税引前利益	3,849	5.9
法　人　税　等	1,784	2.7
当期純利益	2,322	3.5

　グループの売上高は，親会社の2倍強です。しかし，営業利益（本業の利益）を見ますと，グループでは，親会社の3.5倍も稼いでいます。当期純利益は，親会社の20倍です。**本田技研**は，優秀な子会社群を持っているということがわかります。

▎企業集団は，どの事業で儲けているか

　大きな規模の会社では，親会社が行う事業のほかにも，子会社や関連会社を使ってさまざまな事業を展開しています。
　富士写真フイルムといえば，世界でも有数のフイルム・メーカーとして有名ですが，デジタル・カメラや液晶ディスプレイ材料，システム機材などの事業も行っています。
　連結財務諸表には，「**セグメント情報**」という項目があり，企業集団

がどういう事業を行っているかを分析しています。つぎの表は，富士写真フイルムのセグメント情報です。

■ **富士写真フイルムのセグメント情報（事業別）**

2001年3月期（単位：億円）

	イメージングシステム	フォトフィニッシングシステム	インフォメーションシステム
売上高	4,774	3,609	6,022
営業利益	410	269	817
使用資本	3,975	3,641	15,218

　イメージングシステムというのは，映画フイルム，デジタルカメラ，ビデオテープなどで，フォトフィニッシングシステムは，現像・プリントや，それに関連した薬品・印画紙などで，インフォメーションシステムは，印刷用システム機材，液晶ディスプレイ材料などの部門です。

　セグメント情報を見ますと，この会社が従来本業としてきた「ＤＰＥ（現像・印画・引き伸ばし）」の部門（フォトフィニッシング）が，売上高で見ても利益で見ても，他の事業よりも小さいことに気がつくと思います。フイルムの会社から，「映像と情報」をキーワードにして，事業内容を大きく変革してきたことがわかります。

　では，事業別に**売上高利益率**を計算してみましょう。

$$\text{イメージングシステムの売上高利益率} = \frac{\text{営業利益 410億円}}{\text{売上高 4,774億円}} = 8.5\%$$

$$\text{フォトフィニッシングシステムの売上高利益率} = \frac{\text{営業利益 269億円}}{\text{売上高 3,609億円}} = 7.4\%$$

$$\text{インフォメーションシステムの売上高利益率} = \frac{\text{営業利益 817億円}}{\text{売上高 6,022億円}} = 13.5\%$$

　こうした計算をしてみますと，今では，この会社の収益源がインフォ

CHAPTER 1　連結財務諸表を読むポイント　◆―― 195

メーションシステム部門にあることがわかります。前頁のセグメント情報には，各セグメント（事業部門）が使用した資本の額が書いてあります。これを使いますと，**資本利益率**も**資本回転率**も計算できます。

　資本利益率は，企業が用いる総資本の効率や収益性を判断する総合的な指標です。比率が高いほど，資本の効率がよいことを示しています。また，資本回転率は，すべての資本が $G \rightarrow W \rightarrow G'$ の循環をするとしたら当期に何回転したか，あるいは，資本の何倍の売上げがあったかを計算するものです。

　では，事業別に資本利益率を計算してみましょう。

$$\text{イメージングシステムの資本利益率} = \frac{\text{営業利益　410億円}}{\text{使用資本　3,975億円}} = 10.3\%$$

$$\text{フォトフィニッシングシステムの資本利益率} = \frac{\text{営業利益　269億円}}{\text{使用資本　3,641億円}} = 7.3\%$$

$$\text{インフォメーションシステムの資本利益率} = \frac{\text{営業利益　817億円}}{\text{使用資本　15,218億円}} = 5.3\%$$

　上の分析では，インフォメーションシステム部門が**富士写真フイルム**の最大の収益源だということがわかりましたが，資本の効率でみると，この部門は最下位になってしまいました。その原因を調べるために，つぎに資本回転率を計算してみます。

$$\text{イメージングシステムの資本回転率} = \frac{\text{売 上 高　4,774億円}}{\text{使用資本　3,975億円}} = 1.2\text{回}$$

$$\text{フォトフィニッシングシステムの資本回転率} = \frac{\text{売 上 高　3,609億円}}{\text{使用資本　3,641億円}} = 1.0\text{回}$$

$$\text{インフォメーションシステムの資本回転率} = \frac{\text{売 上 高　6,022億円}}{\text{使用資本　15,218億円}} = 0.4\text{回}$$

インフォメーションシステム部門は，資本を1兆5,000億円も使っていながら，売上げはその4割にとどまっているのです。他の部門が使用資本と同額かそれ以上の売上げを確保しているのに，この部門だけは資本に見合った売上げが確保されていません。資本利益率が低い原因は，ここにあるのです。この部門は，100円の売上げがあるたびに13.5円もの利益（売上高利益率）を上げていますから，資本回転率が向上すれば，資本利益率は飛躍的に向上するでしょう。

企業集団は，どこで稼いでいるか

企業集団によっては，**トヨタ**や**本田技研**のように，海外で稼いでいるグループもありますし，国内で稼いでいるグループもあります。では，**富士写真フイルム**を親会社とするグループ（**富士ゼロックス，フジカラー販売**などを含みます）は，どこの地域で稼いでいるのでしょうか。

つぎの表は，同グループの地区別セグメント情報です。

■ 富士写真フイルムの所在地別セグメント情報

2001年3月期（単位：億円）

	日 本	米 州	欧 州	アジア他
売 上 高	8,055	3,622	2,217	121
営 業 利 益	1,123	187	145	12
使 用 資 本	7,756	3,367	1,732	242

この情報を使って，地区別の売上高利益率を計算してみましょう。

$$\text{日本の売上高利益率} = \frac{\text{営業利益　1,123億円}}{\text{売　上　高　8,055億円}} = 13.9\%$$

$$\text{米州の売上高利益率} = \frac{\text{営業利益　187億円}}{\text{売　上　高　3,622億円}} = 5.1\%$$

$$\text{欧州の売上高利益率} = \frac{\text{営業利益　145億円}}{\text{売　上　高　2,217億円}} = 6.5\%$$

$$\text{アジア他の売上高利益率} = \frac{\text{営業利益　12億円}}{\text{売　上　高　121億円}} = 9.9\%$$

こうした計算をしてみますと，**富士写真フイルムグループ**は，利益のほとんどを国内で稼ぎ，しかも，国内の利益率がアメリカやヨーロッパに比べて2倍から3倍になっていることがわかります。

■ 企業集団としての損益分岐点を計算してみよう

　企業集団の場合も，連結データを使って損益分岐点の計算をすることができます。ただし，連結の場合は，さまざまな事業の収益と費用を合算するため，個別財務諸表データを使った損益分岐点よりも，ポイントがぼけてしまう欠点があります。そこで，連結ベースでの損益分岐点を分析した上で，事業別の損益分岐点を計算してみます。

　損益分岐点は，1年間にどれだけの売上げがあれば損益がトントン（損もしなければ儲けもない）になるかを計算するものです。赤字から黒字に変わる峠のところの売上高という意味です。正式には「**損益分岐点売上高**」です。

　現在の売上高と比べて損益分岐点がはるかに小さければ，ちょっとやそっとの景気後退くらいでは赤字に陥ることはありませんが，現在の売上高が損益分岐点とあまり変わらないという場合には，ほんの少し売り

上げが落ちても赤字に転落してしまいます。

固定費と変動費の分解（固変分解）

　損益分岐点を計算するには，固定費と変動費を分解する必要があります。これを**固変分解**といいます。

　固定費は，売上げがあってもなくてもかかる費用のことで，製造業の場合は**操業度**（工場や機械の稼働率）と関係なく発生する一定額の費用です。**変動費**は，売上げ（または操業度）の上下にともなって比例的に増減する費用です。

> **固定費**──売上げの大きさに関係なくかかる費用
> 　例　給料，手当，家賃，支払利息，光熱費，減価償却費
>
> **変動費**──売上げの増減に比例して増減する費用
> 　例　商品仕入原価，荷造運送費，材料費，外注加工費

　固変分解にはいくつかの方法がありますが，ここでは誰でもすぐに使える「**総費用法**」を使ってみます。この方法は，２つの期間の売上げと費用の増減に着目するものです。売上げの伸びとともに費用が増加するとすれば，その費用は変動費です。売上げの増加額に占める変動費の増加額を求めますと，それが**変動費率**と呼ばれる比率です。この比率がわかれば，簡単に固変分解することができます。

$$変動費率 = \frac{総費用の増加額}{売上高の増加額} \times 100 \ (\%)$$

CHAPTER 1　連結財務諸表を読むポイント　199

総費用は，つぎのとおりとします。

$$総費用＝売上原価＋販売費一般管理費＋研究開発費$$

ここでは**本田技研工業**の1997年と2001年のデータを使って，損益分岐点を計算してみます。最初に，連結データを使って，企業集団としての損益分岐点を計算します。

■ 本田技研工業の連結売上高と総費用　　　　　（単位：億円）

	1997年3月期	2001年3月期	増　　減
売　上　高	52,933	64,638	11,705
総　費　用	48,918	57,039	8,121

変動費率を計算すると，つぎのようになります。

$$変動費率＝\frac{総費用の増加額8,121億円}{売上高の増加額11,705億円}×100（％）＝69.3\%$$

この変動費率を使って，企業集団の変動費と固定費とを求めます。計算はつぎのとおりです。

$$変動費＝売上高×変動費率 \\ 固定費＝総費用－変動費$$

2001年の変動費＝売上高64,638億円×0.693＝44,794億円
2001年の固定費＝総費用57,039億円－変動費44,794億円
　　　　　　　＝12,245億円

この計算から，**本田技研工業**の固定費は，1兆2,245億円となります。損益分岐点は，つぎの公式から求めます。

$$損益分岐点 = \frac{固定費}{1 - 変動費率}$$

本田技研グループの損益分岐点＝固定費÷（1－変動費率）
　　　　　　　　　　　　　　＝12,245億円÷（1－0.693）
　　　　　　　　　　　　　　＝39,885億円

　この計算から，**本田技研グループ**の損益分岐点は，3兆9,885億円，約4兆円であることがわかります。売上高が4兆円前後のとき，損益がトントンになるということです。現在のグループ売上高が6兆5,000億円弱ですから，2兆5,000億円ほどの余裕があることになります。これを利益図表で表してみます。

≪本田技研工業の利益図表≫

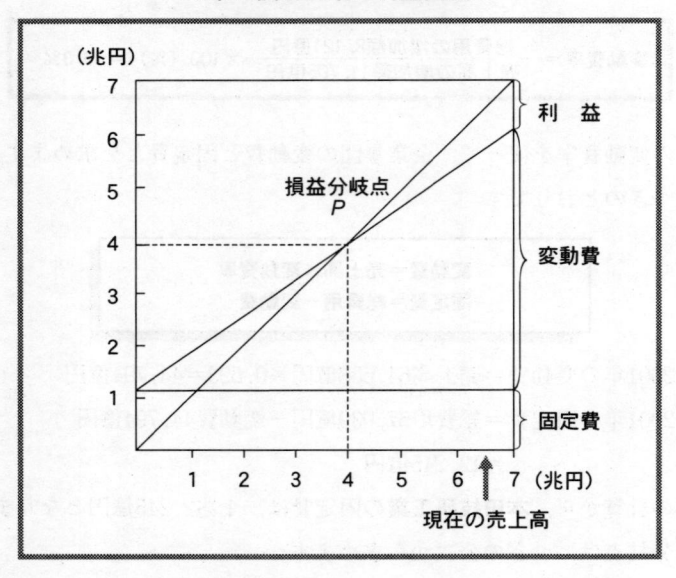

事業別の損益分岐点を計算してみよう

本田技研グループは，二輪車事業，四輪車事業，金融サービス事業などを営んでいます。このうち，売上げの大きい二輪車事業と四輪車事業について，事業別の損益分岐点を計算してみましょう。

■ **二輪車事業の売上高と総費用**　　　　　　　　　　（単位：億円）

	1997年3月期	2001年3月期	増減
売上高	6,894	8,053	1,159
総費用	6,119	7,488	1,369

二輪車事業の変動費率を計算すると，100％を超えてしまいます（118％）。これは，この時期，売上げの伸び以上にコストがかかったことを表しています。

固変分解に使う**総費用法**は，こうしたときには使えません。そこで，企業集団の変動費率と同率であると仮定して損益分岐点を計算してみます。

　　二輪車事業の変動費＝売上高8,053億円×0.693＝5,580億円
　　二輪車事業の固定費＝総費用7,488億円－変動費5,580億円
　　　　　　　　　　　＝1,908億円

> 二輪車事業の損益分岐点＝固定費÷（1－変動費率）
> 　　　　　　　　　　　＝1,908億円÷（1－0.693）＝6,214億円

以上の計算から，二輪車事業の損益分岐点は6,200億円前後ということになります。ただし，ここでは，グループ全体の変動費率と二輪車事業の変動費率が同じであると仮定して計算しています。

つぎに四輪車事業について計算してみます。

■ **四輪車事業の連結売上高と総費用** (単位：億円)

	1997年3月期	2001年3月期	増　減
売 上 高	42,290	52,313	10,023
総 費 用	39,392	49,112	9,720

$$四輪車事業の変動費率 = \frac{総費用の増加額\ 9,720億円}{売上高の増加額\ 10,023億円} = 96.9\%$$

この変動費率も高めにでています。この時期，売上げを確保するためにやや利益を犠牲にしていたのではないかと思われます。そこで，ここでもグループ全体の変動費率を使うことにします。

　四輪車事業の変動費＝売上高52,313億円×0.693億円＝36,252億円

　四輪車事業の固定費＝総費用49,112億円－変動費36,252億円

　　　　　　　　　＝12,860億円

　四輪車事業の損益分岐点＝固定費÷(1－変動費率)

　　　　　　　　　　　　＝12,860億円÷(1－0.693)＝41,889億円

　計算の結果，四輪車事業の損益分岐点は，4兆2,000億円前後となり，現在の売上げ水準はそれを1兆500億円ほど上回っています。

個別財務諸表と連結財務諸表をどう使い分けるか

　わが国では，企業集団がいくら巨額の利益を上げても，その利益を誰かに配当するということはありません。**連結財務諸表**に計上されている利益には，子会社の利益も入っていれば関連会社の利益の一部も入っています。**個別財務諸表**は株主総会の議を経て承認・確定しますが，連結財務諸表にはそうした手続きがありません。そこで計上される利益は，

「仮に，企業集団が1個の会社だとしたら」という仮定の下に計算したものです。そうした会社は実在しませんから，企業集団の株式が発行されるわけでもなく，株主がいるわけではありません。

配当を受け取ったり，自分の取り分としての利益を確定したりするのは，今後も，個別財務諸表をベースとして行われます。そういう意味では，これからも個別財務諸表の意義は失われないでしょう。

しかし，個別財務諸表の数値は，親会社がある程度まで操作することができます。たとえば，親会社が経営不振に陥ったときには，製品を子会社に高く売ったことにして親会社の利益を嵩上げすることができるし，親会社が儲けすぎたときには売上げや利益の一部を子会社に移して利益隠しをしたりすることができるのです。

では，個別の財務諸表と連結財務諸表をどのように読み分けたらよいのでしょうか。今年の配当はいくらとか，現在の債務返済能力はどうか，などといった短期的な分析には，個別のデータが役に立ちそうですし，少し長期的な収益性や安定性などを判断するには，連結ベースのデータが役に立つのではないでしょうか。

CHAPTER 2

資金繰りのテクニック

■ 満席にさせないテクニック

　どこの家にも，トイレは1か所，風呂も1つしかないのが普通です。しかし，家族が4人とか5人なら，トイレも風呂も2つか3つあったほうが便利ですね。朝の忙しいときに，トイレに先客がいてはイライラしますし，一日の終わりに入る風呂は，できれば誰にも邪魔されず，のんびり入りたいものです。しかし，そうはいっても，どこの家でも，1つのトイレ，1つの風呂で「やりくり」しているのです。

　私がよく行くスキー場のホテルでも，食堂の席は客の数よりはるかに少な目です。客が一度に食事にきたら，座れない客がでるはずですが，席が空くのを待っている客を見たことはありません。客が自分の都合のよい時間に食事するということもありますが，ホテル側も，客の食事時間があまり長くならないように，料理を出すタイミングなどを工夫しているのです。満席にならないように「やりくり」しているのです。

　都会では時差通勤というものがあります。仕事の始まる時間を事業所

ごとに少し変えて，朝のラッシュを緩和しようというのです。しかし多くの事業所がそろって始業時間を30分早めたら，効果はありません。早める会社と遅くする会社があってラッシュが緩和されるのです。いわば，人の流れの「やりくり」です。

お金の出し入れも同じです。お金は入ってくるだけではありません。出てゆくことのほうが多いものです。そこで，「入」の範囲内で「出」をコントロール（やりくり）することが大切になります。

もちろん，「入」よりも「出」が多くなることもあります。そうした場合には，その差（出し入れの差）を補うためにどこからか借りてくるなどの対策が必要になります。こうしたお金の「入」と「出」を，金額的にもタイミング的にも，バランスが取れるようにコントロールすることを**資金繰り**といいます。

資金とは何か

「お金」とは，ふつう，**現金**を指しますが，**普通預金**や**当座預金**のように自由に引き出すことができる預金（これを**要求払預金**といいます）も，いつでもお金に換えられる預金ですから，お金に含めてもよいでしょう。「あの家は金持ちだ」という場合の「お金」はもっと範囲が広くて，持っている土地・建物，株なども含まれるようです。

本章で取り上げるのは，狭い意味の「お金」です。なぜなら，「入」と「出」をコントロールする必要があるのは，即時の支払手段となるお金，つまり，現金・預金だからです。専門的には，**「現金資金」**と呼んでいます。

企業経営や会計の世界では，つぎに紹介しますように，いろいろな意味の資金概念が使われてきましたが，いずれも，支払手段として使える

資産とはどこからどこまでかを考えたものです。そのなかでも,「現金資金」はもっとも範囲の狭い概念だといえます。

① 「**運転資金**」＝貸借対照表の「流動資産」の合計額。
② 「**正味運転資金**」＝流動資産の合計から流動負債の合計を差し引いた金額。
③ 「**当座資金**」＝現金・預金,売上債権,市場性ある一時所有の有価証券などの「当座資産」の金額。
④ 「**正味当座資金**」＝上の「当座資金」から流動負債を差し引いた金額。
⑤ 「**支払資金**」＝「当座資金」から有価証券,短期借入金などの財務項目を差し引いた金額。
⑥ 「**現金資金**」＝現金と普通預金・当座預金などの要求払預金の合計額。定期預金などの貯蓄性預金を含まない。

どのような資金情報が必要か

ところで,資金を分析する目的は,資金のやりくり,**資金繰り**にあります。では,どうすれば資金繰りをうまくできるでしょうか。また,資金繰りの楽な会社と資金繰りに苦しんでいる会社をどうやって見分けることができるでしょうか。

資金繰りは将来の話です。現在所有している資金に将来入金する資金を加えて,それで将来の支払いをまかなえればよいのです。そうだとすれば,必要な情報は現在の資金の有高などに関する情報と将来の資金の予定(予想)に関する情報だということになります。

現在の資金の有高は貸借対照表から読み取れます。**将来の資金の予定(予想)**についても,上場会社などの大規模会社の場合は,有価証券報告書に概要(次期の中間期の資金計画)が記載されています。

将来の資金の動きを知るには，現在情報と将来情報があれば十分でしょうか。将来情報は不確実性をともなうものであり，「予定は未定にして決定にあらず」などといったあそび言葉もあるくらいですから，将来情報の確実性を判断する材料が欲しいところです。

　「**歴史に学ぶ**」といいます。過去のことを学ぶことの意味は，それ（歴史）が将来を照らし出す力をもっているからです。将来情報の確実性とか信頼性を判断する好材料は，過去情報といってよいでしょう。資金に関する将来の計画も，どの程度信頼でき，どの程度の確実性をもっているかは，過去における資金の実績をみればよいのです。

　考えてみますと，企業の将来の収益性を判断するとき，「必須知識編」ではどう考えたでしょうか。過去の実績を分析して，当期が**資本利益率**何％であったから次期もこれくらいであろう，といった判断をしたはずです。そこでは将来情報はほとんど使われていません。将来情報がなくても信頼できる過去の情報があれば，ある程度まで正確に将来を判断できるのです。それほど「**歴史は雄弁**」なのです。

　もちろん，過去の情報，現在の情報，将来の情報がすべて揃っていればベストです。こうした情報がそろえば，その企業の**資金収支の状況**だけでなく，**流動性，財務適応力，資金調達力，外部資金の必要度，配当支払力**なども判断できると考えられています。以下，過去の情報と現在の情報はかなりくわしく，将来の情報は概要がわかるものとして話を進めます。

■ カレンダーを利用した資金繰り

　今月の収入は100万円，支出は90万円と予想されるとき，月単位でみると資金が10万円残る計算になります。ところが，支出が月初めに集中

し収入は月末に集中していれば，月初めに資金不足が生じてしまうでしょう。収支のタイミングが合わないと，資金があまったりショート（不足）してしまったりします。

　事業規模が小さければ，収入と支出の金額とタイミングをカレンダーの上に記入してみるだけで，資金の動きと過不足が簡単に読み取れるのです。つぎの図は，1か月を単位とした**カレンダー式資金繰り表**とでも呼ぶべきものです。

《カレンダー利用の資金繰り》

日	月	火	水	木	金	土
	1 繰越 450	2	3	4	5 ㈹売掛金 600	6
7	8 ㈼買掛金 800	9	10 ㈹手形割引 400	11 ㈼手形落 300	12	13
14	15	16 ㈹売掛金 300	17	18 ㈼手形落 300	19	20
21	22	23 ㈹貸付金 200	24	25 ㈼給料 80 家賃 40	26 ㈹手形割引 100	27
28	29	30	31 ㈼借入金 100 ㈼諸経費 50			

実績の資金表と見積もりの資金表

　資金繰りは,収入と支出をコントロールすることですが,そのためには,いろいろな種類の**資金表(資金計算書)**を利用します。
　資金表には,**実績を表示する資金表**と**見積もりの資金表**があります。上に紹介したカレンダー式の資金繰り表は見積もりの資金表に属するものです。
　資金表は,収支の把握の仕方によって,つぎのような種類があります。
　「**資金運用表**」＝当期と前期の貸借対照表項目を比べてみると,項目ごとに増減があります。この増減は,資金の流入(資金の源泉)か資金の流出(資金の運用)にあたるので,これらを分類整理して一覧表示したものを資金運用表といいます。主に,実績を表示する資金表として作成されます。
　「**資金移動表**」＝これを作成するには,直接法と間接法という2つの方法があります。いずれの方法でも,資金運用表と違い,損益(計算書)のデータも利用します。たとえば,当期の売上げによる収入は,「当期の売上げマイナス売上債権増加額」として計算します。この資金表も,実績を表わす資金表として作成されることが多いようです。
　「**資金繰り表**」＝現金資金を①前月繰越金,②収入,③支出,④次月繰越金のように4区分(6区分する方法もある)して表示する資金表です。この資金表は実績表としても見積もりによる計画表としても作成されます。
　このようにたくさんの資金表が考案されていますが,最近では,アメリカ,イギリスをはじめ,わが国でも,資金としては「キャッシュ」つまり現金・預金に限定した計算書が作成されるようになってきました。

そこで作成される資金表を「**キャッシュ・フロー計算書**」とか「**キャッシュ・フロー表**」と呼んでいます。以下では，主に，キャッシュを重視した「資金繰り表」について述べることにします。

なお，わが国の企業は，英米の企業と違って有価証券などの金融資産への投資が盛んに行われているため，現金・預金に加えて「一時所有の市場性ある有価証券」も「キャッシュ」に含めることがあります。

しかし，有価証券は現金預金と違って，たとえ市場（証券取引所）があっても，いつでも現金化できるわけではないし，また，現金化しうる額も不安定です。わが国の企業が公表する資金収支の実績表をみる場合には，そうした点を注意する必要があるでしょう。

資金繰り表には決まった様式というものはありません。その企業にあったものであれば，カレンダーに直接書き込んだものでも，後で紹介する，**1部制の資金繰り表**とか**3部制の資金繰り表**でもよいのです。要は，①資金の動きがよくわかって，②将来の対策が立てやすいものであれば形式を問わないのです。

■ 見積もり損益計算書と見積もり資金繰り表

見積もりによる次期の損益計算書と資金繰り表を作成したところ，つぎのようになったとしましょう。

≪損益計算書と資金繰り表≫

見積もり損益計算書（万円）	
売 上 高	3,600
売 上 原 価	2,400
売上総利益	1,200
販 管 費	900
（内，減価償却費　100）	
経 常 利 益	300
税　　　金	150
税引後利益	150

見積もり資金繰り表（万円）		
前　　期　　繰　　越		400
収入	売 上 げ 収 入	3,000
	計	3,000
支出	仕 入 れ 支 出	2,600
	諸　　経　　費	800
	設 備 投 資	200
	計	3,600
収　支　過　不　足		△ 600
次　　期　　繰　　越		△ 200

　今期の見積もりによる税引後利益は150万円です。しかし，資金繰り表を見ますと，前期繰越の資金が400万円あったにも関わらず，次期繰越はマイナス200万円となっています。損益計算書と資金繰り表を比べながら，その原因を探ってみましょう。

● **売上高と売上げ収入の差**

　損益計算書の売上高は3,600万円ですが，資金繰り表を見ますと売上げ収入は3,000万円です。差額の600万円は，掛け売りのために資金が回収されていないと予想されます。これが資金を減少させる原因となっているのです。売掛金が増加すると，同じ額だけ資金が減少するのです。

● **売上原価と仕入れ支出**

　損益計算書の売上原価は2,400万円，資金繰り表の仕入れ支出は2,600万円です。2,600万円分の商品を仕入れ，2,400万円分を売ったのですから，200万円は在庫が増加したものと考えられます。これも資金の減少になります。

● 減価償却費

損益計算書の販管費は900万円で，資金繰り表の諸経費の支出は800万円です。費用として900万円計上されながら支出は800万円ということは，現金の支出を伴わない費用が100万円あることになります。損益計算書の販管費に内書きとして減価償却費100万円が記載されています。減価償却費が計上された分は現金の支出を伴いませんので，その額だけ資金が増加するのです。

● 税　　金

経常利益は税金を払う前の（税込み）金額ですが，税金は当期中には支払わなくてもよいとして，見積もりの資金繰り表では支出項目にあげていません。そこで，経常利益300万円を全額資金の増加要因とみています。

● 設 備 投 資

期中に設備投資の計画があり，200万円を支出する予定です。この投資は減価償却されるまでは費用化されないので，全額資金の減少となります。

以上の検討をまとめたのがつぎの表です。期間としてみると資金は600万円減少します。前期からの繰越資金400万円を充当しても，200万円不足します。この資金不足額をどうやって埋めるか，それを考えるのが資金繰りです。売掛金の回収を早める，仕入れを抑える，期中に予定している設備投資を延期する，新たな資金を調達する，いろいろな手が考えられるでしょう。

≪資金の増加と減少≫

(単位:万円)

資金の減少要因	
(1) 売掛金の増加	600
(2) 在庫の増加	200
(3) 設備投資	200
計	1,000
資金の増加要因	
(1) 経常利益	300
(2) 減価償却費	100
計	400
資金の不足	600

1部制の資金繰り表

 1部制の資金繰り表は,つぎに見るように,収入と支出を網羅的に対照表示するものです。

 基本構造としては,①前月繰越,②当期収入,③当期支出,④次月繰越,の4区分とし,収入と支出は,売上げ入金,手形割引,借入れ,雑収入などの収入と,仕入れ支払い,販管費支払い,設備投資,借入金返済,雑支出などの支出に細分します。

 資金繰り表は,資金繰りに役立てるために作成されるものですから,過去の月は**実績値**で記入し,将来については**見積もり値**を記入します。たとえば,7月以降の資金繰りを検討するときは,4月から6月までは実績値を,7月以降は見積もり値を記入するのです。過去の実績は将来の見積もりの基礎になるという意味で非常に役に立ちますので,これを参考にして将来の資金繰りを考えるのです。

≪一部制の資金繰り表≫

科目		4月	5月	6月	7月	8月
前月繰越						
収入	売上げ 現金売上げ					
	売上げ 売掛金回収					
	売上げ 受取手形入金					
	手形割引					
	借入金					
	雑収入					
	計					
支出	仕入れ 現金仕入れ					
	仕入れ 買掛金支払い					
	仕入れ 支払手形決済					
	販売費・管理費					
	支払利息					
	設備投資					
	借入金返済					
	雑支出					
	計					
次月繰越						

3部制の資金繰り表

　上に紹介した1部制の資金繰り表は，収入も支出も発生原因別に分類されていないため，資金繰りが苦しくなってきても，その原因を把握し

にくいという欠点があります。

　そうした欠点を補うには，収入と支出をその発生源泉別に分類して，発生源泉を同じくする収支を対応させる必要があります。つぎに紹介する**3部制の資金繰り表**はそうした対応表示の工夫が加えられています。

　3部制の資金繰り表は，すべての収入・支出をつぎのように3つに区分して対照表示します。

① **経 常 収 支**

　経常収支は，主たる営業活動（本業）に関係する収入・支出と，営業外活動（主に財務活動）のうち資金調達活動の収支（借入れとその返済・増資）を除いたもの（主に，利息・配当金の受取りと支払い）をいいます。

　収入としては，売上げ収入と営業外収益の収入（財テクの収入）があり，支出としては，商品代価，原材料代価，販管費の支払い，営業外費用（財テクの支出）があります。

② **設備等の収支**

　設備等の収支は，①にも入らず③にも入らない収支をいいます。収入としては，固定資産の売却代金や有価証券の売却代金などがあり，支出としては，固定資産の取得にかかる代金，有価証券の購入代金，税金・配当金・役員賞与などの支払いがあります。

③ **金融関係の収支**

　これには資金調達活動の収支が含まれ，収入としては，借入れ，社債の発行，手形割引，増資などによる収入があり，支出としては，借入金の返済，社債の償還，減資などによる支出があります。

　つぎに，3部制の資金繰り表を例示しておきます。

≪3部制の資金繰り表≫

科　目			4月	5月	6月	7月	8月	9月
前　月　繰　越 (A)								
営業収支	収入	現金売上げ 売掛金回収 受手期日回収 雑　収　入						
		合　計 (B)						
	支出	現金仕入れ 買掛金支払い 支手決済 販管費支払い 利息支払い 雑　支　出						
		合　計 (C)						
	差引(D)＝(A)−(B)							
設備等の収支	収入	有価証券売却 ………………						
		合　計 (E)						
	支出	機　械　購　入 ………………						
		合　計 (F)						
	差引(G)＝(E)−(F)							
金融収支	収入	借　入　れ 手　形　割　引 ………………						
		合　計 (H)						
	支出	借入金返済 社　債　償　還 ………………						
		合　計 (I)						
	差引(J)＝(H)−(I)							
収支残合計(K) 　　＝(D)＋(G)＋(J)								
次月繰越　(L)＝(A)＋(K)								

資金繰りはボクシング

　ところで上に紹介した3部制（この名称は便宜的につけられたもので，資金繰り表自体に決まった形がないことから正式な名称もありません）の資金繰り表では，資金として「現金預金」，つまり，保有する現金と要求払いの預金を想定しています。ところが，わが国の企業においては，余裕資金（余資）を有価証券（特に上場株式）によって運用することが一般化しています。上場会社（銀行・証券を除く）1社平均で100億円，全社で20兆円もの有価証券を短期所有しているのです。資金繰りにおける有価証券の役割はきわめて大きいといえるでしょう。

　これまで紹介した資金繰り表は，有価証券は売却されてはじめて資金収入として扱うものでした。しかし，わが国企業の資金繰り・資金運用を見ますと，短期所有の上場証券は資金繰りの要(かなめ)の一つです。一時所有の有価証券は**「資金のたまり」**ともいうべきものです。そこで，現金預金だけでなく，有価証券をも含めた資金概念の資金繰り表が必要になるのです。

　従来，わが国の「有価証券報告書」に記載されている資金表は，そうした資金概念を採用していました。しかし，会計ビッグバンによって導入された**「キャッシュ・フロー計算書」**では，株式などは価格変動リスクが大きいとして資金（キャッシュ）の範囲から除かれています。

　導入されたキャッシュ・フロー計算書は，そうした点で，わが国の実状を十分に反映したものとはなっていません。わが国の場合，株式などの有価証券が「余裕資金のたまり」になっている以上，たとえば，キャッシュ・フロー計算書の欄外に，大ざっぱな時価情報を記載するなどの工夫が必要なのではないかと思われます。

この「キャッシュ・フロー計算書」については，次章でお話します。
　本章では，資金繰り表の概要を紹介しました。資金繰りは，企業の生命線です。しかも，たった1回の失敗が致命傷になるのです。よくいわれますように，**資金繰りはボクシングと同じで**，一度マットに沈んだらそれで終わりなのです。敗者復活戦などはありません。
　これに比べますと，本業のほうは，リーグ戦みたいなもので，一度くらい失敗しても失地回復のチャンスはいくらでもあります。本業では常勝軍でなくてもいいのですが，**資金繰りだけは連戦連勝**しなければ企業生命を失うのです。

CHAPTER 3
キャッシュ・フロー計算書から何が読めるか

▶ キャッシュ・フロー計算書から何が読めるか

　前のほうで，**営業循環**の話をしました。営業活動が現金からスタートして，商品や製品に変わり，それが売られて再び貨幣性の資産（売掛金，受取手形，現金など）に戻るという循環です。

■ **会社における資金循環**

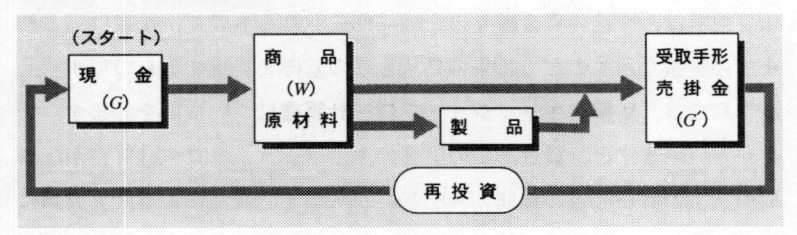

（スタート）現金（G） → 商品（W）・原材料 → 製品 → 受取手形・売掛金（G'） → 再投資 → （現金へ戻る）

この営業循環は，見方によっては，**資金の循環過程**でもあります。現金からスタートして現金に戻る資金循環です。

キャッシュ・フローというのは，大ざっぱにいいますと，この資金循環に入ってくるフローと現金に戻ってくるフローを**キャッシュ・インフロー**として把握し，資金循環から出てゆくフローと現金が他の資産に変わるフローを**キャッシュ・アウトフロー**として把握するものです。企業を1つの大きな貯金箱として見たときの，貯金（現金）の出し入れをキャッシュ・フローというのです。

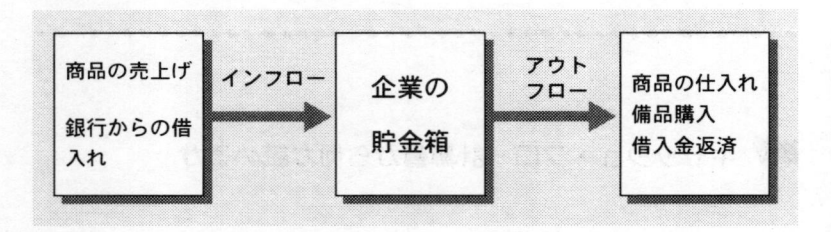

```
┌──────────┐  インフロー  ┌──────┐  アウト   ┌──────────┐
│商品の売上げ│ ━━━━━━━━▶ │企業の│  フロー   │商品の仕入れ│
│銀行からの借│            │貯金箱│ ━━━━━━━▶│備品購入    │
│入れ        │            │      │           │借入金返済  │
└──────────┘            └──────┘           └──────────┘
```

1年間（または半年）のキャッシュ・インフローとアウトフローを，その種類別に分けて一覧表にしたのが，**キャッシュ・フロー計算書**です。この計算書も，前章の**資金繰り表**と同じく，見積もりによるキャッシュ・フロー計算書と実績によるキャッシュ・フロー計算書に分かれます。前者は，今後の資金繰りのために作成されるもので，後者は，これまでの実績を示すことで将来の見積もりの基礎を提供するものです。

本章では，**実績のキャッシュ・フロー計算書**について話をします。なぜかといいますと，最近，この実績のキャッシュ・フロー計算書が証券取引法上の財務諸表の仲間入りをしたからです。商法による計算書類にはキャッシュ・フロー計算書はありません。

キャッシュ・フロー計算書には，つぎのような種類があります。

CHAPTER 3 キャッシュ・フロー計算書から何が読めるか ◆―― 221

> **連結財務諸表として作成される計算書**
> (1) 連結キャッシュ・フロー計算書
> (2) 中間連結キャッシュ・フロー計算書
>
> **個別財務諸表として作成される計算書**
> (1) キャッシュ・フロー計算書
> (2) 中間キャッシュ・フロー計算書

なお，連結財務諸表を作成する企業は，個別のキャッシュ・フロー計算書を作成する必要はありません。個別のキャッシュ・フロー計算書も連結キャッシュ・フロー計算書も，作り方は基本的に同じです。そこで，以下では，両者を合わせて，単に，キャッシュ・フロー計算書ということにします。

キャッシュには何が入るか

キャッシュの概念には，「現金」と「現金同等物」が入ります。この場合の「**現金**」には，①手許現金と②要求払預金が含まれます。

「**現金同等物**」というのは，「容易に換金可能であり，かつ，価値の変動について僅少（きんしょう）なリスクしか負わない短期投資」としての性格を持つ資産をいいます。株式のように価格変動リスクの大きいものは資金（キャッシュ）範囲から除かれます。

> **資金（キャッシュ）の範囲（例示）**
> ・現　　金――①手許現金，②要求払預金（当座預金，普通預金，通知預金など）
> ・現金同等物――取得日から満期日（償還日）までが3か月以内の定期預金，譲渡性預金，コマーシャル・ペーパー，売戻し条件付き現先，公社債投資信託など

現金同等物に何を入れるかは，上の説明や例示だけでははっきりしません。会計基準では，現金同等物に何を含めるかを「経営者の判断」に委ねることにしています。経営者が「容易に換金可能」で「価値変動が小さい短期投資」と考えるものを資金（現金同等物）概念に含めてよいとするのです。

経営者の判断が入る余地を大きく認めるのは，一つには，上の例示に示されるように，該当すると考えられる投資等が非常に多岐にわたり，個別の判断が必要なためです。もう一つは，キャッシュ・フロー計算書がつぎのような性格を持つからです。

キャッシュ・フロー計算書は，財務諸表の一つとして作成されることになりましたが，貸借対照表や損益計算書と違って，財産の計算や損益の計算，あるいは，利益の分配（配当など）とは関係がありません。あくまでも，**資金の流れに関する情報を公開するための計算書**です。そのために，資金として何を含めようとも，利益が変わったり財産の有り高が変化することはありません。そこで，細かいルールを設けずに，各企業が資金（現金同等物）と考えるものを含めてもよいことにするのです。

▮ キャッシュ・フロー計算書の構造

キャッシュ・フロー計算書では，資金の流れを企業活動の種類に合わせて，つぎの3つに区分します。

> (1) 営業活動によるキャッシュ・フロー
> (2) 投資活動によるキャッシュ・フロー
> (3) 財務活動によるキャッシュ・フロー

ここで，**営業活動によるキャッシュ・フロー**とは，主として，商品や

製品を仕入れたり販売したりする取引(営業活動)に伴うキャッシュ・フローです。営業活動に伴って取得した受取手形を銀行で割り引いた場合の収入もここに含まれます。

投資活動によるキャッシュ・フローは，機械装置や車両運搬具を購入したり売却したりしたときのキャッシュ・フローや，短期投資(現金同等物に含まれるものを除く)を取得したり売却したりしたときの資金フローをいいます。

財務活動によるキャッシュ・フローは，資金調達と返済によるキャッシュ・フローをいいます。具体的には，株式を発行したときの収入，自社株を取得したときの支出，社債の発行・償還や，借入金の増減による資金収支などです。

「投資活動」と「財務活動」というのは，通常の事業会社にとっては，いずれも本業以外の活動です。損益計算書を作成するときに，「営業損益」を計算する区分と，営業損益に営業外損益を加減して「経常損益」を計算する区分がありました。キャッシュ・フロー計算書では，この「営業外(本業以外)」の活動を「投資活動」と「財務活動」に分けているのです。

上で示しましたように，「**投資活動**」は，利子・配当・売却益が出るような資産への資金の投下で，「**財務活動**」は営業資金の調達とその返済に関わる活動をいいます。投資活動と財務活動の結果として利息や配当金を受け取ったり，利息を支払ったりした場合には，営業活動によるキャッシュ・フローの区分に掲記します。損益計算書では，受取利息や支払利息は営業損益には含めません。2つの計算書で扱いが違いますので，注意が必要です。

収入	営業活動によるキャッシュ・フロー		支出
	商品・製品の販売による収入 利息・配当金の受取りによる収入	商品の仕入れによる支出 法人税等の支払いによる支出	
	投資活動によるキャッシュ・フロー		
	固定資産の売却による収入 有価証券の売却による収入 貸付金の回収による収入	固定資産の取得による支出 有価証券の取得による支出 貸付けによる支出	
	財務活動によるキャッシュ・フロー		
	株式の発行による収入 社債の発行による収入 借入れによる収入	自己株式の取得による支出 社債の償還による支出 借入金の返済による支出 配当の支払による支出	

キャッシュ・フロー計算書には，**営業収入（売上高）からスタートする形式**と**税引き前当期純利益からスタートする形式**があります。前者を直接法，後者を間接法といいます。

直接法は，営業活動のキャッシュ・フローが総額で示されるというメリットがあり，間接法は，純利益と営業活動のキャッシュ・フローとの関係が明示されるというメリットがあります。いずれの方法で作成することも認められていますが，直接法は実務上手数がかかるということから，間接法によって作成する会社が多いようです。

間接法で作成したキャッシュ・フロー計算書のひな形（モデル）を示しておきます。

CHAPTER 3　キャッシュ・フロー計算書から何が読めるか　◆──225

キャッシュ・フロー計算書	
I　**営業活動によるキャッシュ・フロー**	
税引前当期純利益	300
減価償却費	30
有価証券売却益	20
売掛金・受取手形の増加額	−60
棚卸資産の減少額	40
買掛金・支払手形の増加高	30
小　　　計	360
法人税等の支払額	−150
営業活動によるキャッシュ・フロー	210
II　**投資活動によるキャッシュ・フロー**	
有価証券の売却による収入	200
有形固定資産の取得による支出	−160
投資活動によるキャッシュ・フロー	40
III　**財務活動によるキャッシュ・フロー**	
短期借入れによる収入	100
社債の償還による支出	−80
財務活動によるキャッシュ・フロー	20
IV　**現金及び現金同等物の増加額**	270
V　**現金及び現金同等物の期首残高**	2,400
VI　**現金及び現金同等物の期末残高**	2,670

　−の記号がついているのは減少項目ということですが，必ずしもキャッシュ・アウトフローを意味していません。また，営業活動によるキャッシュ・フローに「減価償却費」が入っていたり，有価証券の売却益がマイナス項目になっていたり，いろいろ疑問があると思います。本書では細かいことを書けませんので，この本を読み終えてからでも，もう少し専門的な本を読んでください。

キャッシュ・フロー計算書を読むポイント

　上で見ましたように，キャッシュ・フローには，3つの種類があります。もっとも重要なのは，**営業活動のキャッシュ・フロー**です。
　このキャッシュ・フローは，**本業による資金収支の残高**ですから，普通は**営業利益**と近い金額になります。
　もしも，営業利益の額よりも大幅に小さいときは，在庫が増えたか，仕入債務（買掛金や支払手形）が増加しているはずです。逆に，営業利益よりも大きい場合には，在庫が減少したり買掛金の回収が早まっているということです。

```
営業利益　＞　営業活動によるキャッシュ・フロー
　主な原因：在庫の増加，買掛金の増加
営業利益　＜　営業活動によるキャッシュ・フロー
　主な原因：在庫の減少，買掛金の減少
```

　わが国の場合，「**投資活動によるキャッシュ・フロー**」は，**余裕資金**（余資といいます）**の運用によるキャッシュ・フロー**という側面があります。英米の企業は，余裕資金が出たら配当や自社株買いなどを使って株主に返しますが，日本の企業は，余裕資金が出たら株などに投資して運用します。
　この区分のキャッシュ・フロー総額がプラスになっているときは，投資を引き上げているということであり，マイナスになっているときは，資金を追加投下していることを表します。
　プラスのときは引き上げた**資金を何に使っているか**を見ておく必要があり，**マイナス**のときは，どこから手に入れた資金を投資しているかを

見ておく必要があります。いずれも，キャッシュ・フロー計算書をよく観察するとわかります。

> **投資活動によるキャッシュ・フローが増加**
>   主な原因：投資の回収
>   見るポイント：回収した資金のゆくえを見る
> **投資活動によるキャッシュ・フローが減少**
>   主な原因：新規の投資か追加の投資
>   見るポイント：資金の出所を見る

「財務活動によるキャッシュ・フロー」は，総額でプラスになっていれば，それだけ純額で資金を調達したということを意味します。マイナスであれば，調達した資金を純額でそれだけ返済したということです。

資金を返済したときは，その財源が何であったかを調べてみる必要があります。また，資金を調達したときは，その資金を何に使っているかを見てみる必要があります。これも，キャッシュ・フロー計算書を眺めているとわかることです。

> **財務活動によるキャッシュ・フローが増加**
>   主な原因：追加の資金を調達
>   見るポイント：資金を何に使ったか
> **財務活動によるキャッシュ・フローが減少**
>   主な原因：資金を返済
>   見るポイント：何を財源として返済したか

キャッシュ・フロー計算書の末尾には，当期首のキャッシュ残高と期末のキャッシュ残高が示されています。キャッシュ残高は，きわめて流動性の高い「現金」と「現金同等物」の合計ですから，次期においてすぐに支払手段として使えます。

期首の残高と比べて期末の残高が小さいときは，**支払能力**が低下していることを意味し，残高が大きくなっているときは，支払能力が増加し

ていることを意味しています。

　ただし，ここでいう「キャッシュ」は，すでに現金になっているか，おおむね3か月以内に現金に換わる資産のことですから，きわめて短期的な支払能力を見ていることになります。

　上のほうで，**「流動比率」**とか**「当座比率」**のことを書きました。そこでは，**中期的な支払能力**，あるいは，**企業の正常な営業活動を前提にした支払能力を見るには流動比率**がよく，即時の，あるいは，**短期的な支払能力は当座比率**を計算してみるとよい，ということも書きました。当座比率は「返済能力のリトマス試験紙」でした。

　では，これらの比率と，キャッシュ残高は，どのように使い分けたらよいのでしょうか。

　流動比率と当座比率は，比率です。絶対額（金額）ではありません。キャッシュ残高は，比率ではなく，絶対額です。もしも，キャッシュ残高を使って比率を求めるのであれば，つぎのような計算をすればよいでしょう。

$$3か月以内の支払能力 = \frac{キャッシュ残高}{流動負債} \times 100 \, (\%)$$

■ 日本の大企業は資金繰りでは倒産しない

　キャッシュ・フロー計算書はアメリカで誕生しました。それは，ある時期，アメリカの企業が資金繰りに失敗してバタバタと何万社も倒産したからです。

　損益計算書や貸借対照表では，会社の資金繰りがよいのかどうかわかりません。そこで，アメリカでは，資金繰りの状況を投資家に報告する

ために，キャッシュ・フロー計算書を作成するようになりました。

ところで，わが国の場合ですが，資金繰りに失敗して倒産するのは，決まって中小企業です。大手の企業は，資金繰りで倒産することはありません。

最近になって倒産した企業を思い浮かべてください。大手の証券会社，大手の銀行・生保，大手の建設会社，どの例を取っても，資金繰りに失敗したわけではありません。

わが国の場合，大手の会社が倒産に至るのは，ほぼ間違いなく，**債務超過**が原因です。会社の純資産よりも負債のほうが大きくなって倒産するのです。

そうしたことを考えますと，わが国の場合，キャッシュ・フロー計算書（あるいは，資金繰り表）が必要なのは，大企業ではなく，中小企業です。

今度の会計ビッグバンでは，大企業にキャッシュ・フロー計算書の作成が義務づけられましたが，これが一つの契機となって，中小企業でもキャッシュ・フロー計算書が活用されるようになることが期待されています。

CHAPTER 4

売上高を予測する

■ 経営計画のスタートラインは売上高の予測

「1年の計は元旦にあり」といいます。「初めよければ終りよし」ともいいます。何をするにも初めが肝心です。家計において大切なことは，その月（年）の収入の範囲内で生活することです。収入のあてもなくショッピングや消費を重ねていたら，すぐに家計は破綻します。企業も同じです。

企業経営のトップ・マネジメントの皆さんは，来期の経営計画，3年計画，5年計画など，いろいろな経営計画を立案しなければなりません。経営計画を立てるにあたって，一番肝心なことは，その年（期間）の売上高がいくらになるかを予測することです。売上げが増える見込みが立てば，店舗や倉庫を拡充したり，スタッフを増やしたり，仕入先（メーカー）に増産を依頼したり，場合によっては，新規の設備投資のために銀行から資金を借りたり，やるべきことが決まってきます。

また，不幸にして売上げが減少するということが事前にわかれば，生

産量を減らしたり，人員を整理したり，資金繰りのために有価証券や土地を売却したり，極端な場合は転業や廃業まで考えなければならないでしょう。

近い将来の売上げをある程度正確に予測できるなら，企業はいっそうの拡大を図ることもできますし，倒産とか廃業といった最悪の事態を回避することもできます。

時系列データを用意する

以下では，経営計画のスタートラインともいうべき「次期の売上高を予測する」いくつかの方法を紹介します。

首都圏を中心に家具を販売している「（株式会社）開運堂家具店」は，現在，10店舗，従業員（販売員）は540名です。この店の客には新婚の夫婦やマンションへの引っ越しにともなって家具を買い替える人たちが多いために，顧客の相談を受けながら販売する，いわゆる対面販売をしています。ですから，従業員一人当たりの売上高は，毎期，ほぼ一定しています。

こうした販売方式の場合，売上げが増加すると見込まれる時期に従業員の数が足りないと，せっかくの顧客を他の店に奪われてしまいます。この会社では，次期（あるいはその数期先まで）の売上高がいくらになるかを正確に予測することができるかどうかが，経営を左右する重要なポイントになるのです。

いま，開運堂家具店の最近5年間の売上高と販売員数がつぎのようであったとします。

	第25期	第26期	第27期	第28期	第29期
売 上 高	175億円	195億円	220億円	245億円	270億円
販売員数	355名	395名	435名	485名	540名

つぎの年は開業30周年の年であり，少なくともこれまでの実績を上回る業績を上げることが期待されています。しかし，具体的にどれくらいの実績（売上高の増加）があるのかはわかりません。

この家具店の来期の売上高をどのようにして予測したらよいでしょうか。このように，過去の実績がある程度の期間についてわかっている場合には，以下に述べるように，次期の実績を予測するための方法がいくつか考案されています。

(1) **スキャッター・グラフ法**
(2) **最小2乗法（単純回帰分析法）**
(3) **移動平均法**

以下，これらの方法を紹介します。なお，売上高の変動のような時間的あるいは歴史的変数の動きのことを「**時系列**」と呼ぶこともあります。

▚ スキャッター・グラフ法

スキャッター（scatter）というのは，「まき散らす」という意味で，数期間のデータをグラフ上にプロットする（点を打つ）ことをいいます。スキャッター・グラフ法は，そのプロットを見て，その中から一定の傾向や趨勢を読み取ろうとする方法です。

いま，開運堂家具店の売上高をグラフ上にプロットしてみましょう。図は，縦軸に売上高をとり，横軸に期間をとって，各期の売上高をプロットしたものです。

≪スキャッター・グラフ(1)≫

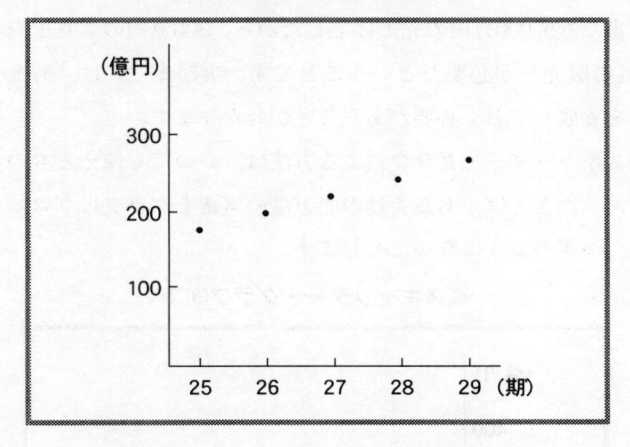

このプロットされた5つの点には一定の傾きが見られます。つぎの図は，プロットされた点に**傾向線**を書き入れて，30期まで延長したものです。この傾向線が第30期の縦軸を横切るところが，次期の売上高になると予想するのです。

≪スキャッター・グラフ(2)≫

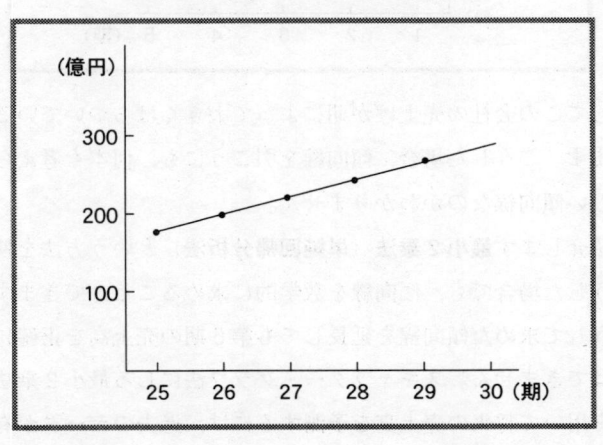

だいたい縦軸の300億円あたりを横切っています。第29期では、販売員1名当たり5,000万円の売上げでしたから、300億円の家具を売るには約600名の販売員が必要だということです。次期までには、あと60名の販売員を養成しておく必要があることがわかります。

このスキャッター・グラフによる方法は、いつでも使えるものではありません。たとえば、ある会社の売上高の実績をグラフにプロットしたところ、つぎのようになったとします。

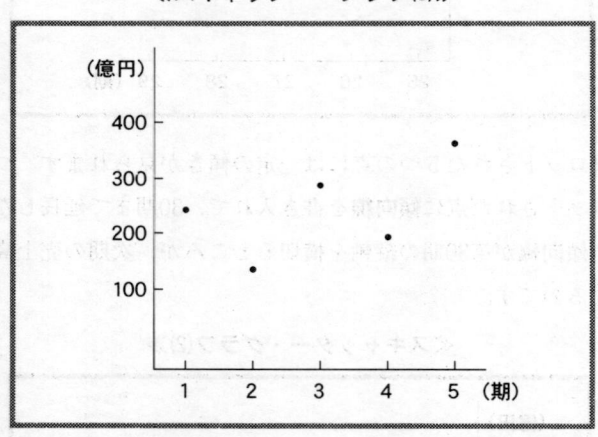

≪スキャッター・グラフ(3)≫

一見してこの会社の売上げが期によって大きくばらついていることがわかります。こうした場合、傾向線を引こうにも、何本も考えられ、どれが正しい傾向線なのかわかりません。

後で紹介します**最小2乗法（単純回帰分析法**）という方法を使いますと、こうした場合でも、傾向線を数学的に求めることができます。しかし、こうして求めた傾向線を延長しても第6期の売上高を正確に予測することはできません。スキャッター・グラフ法にしろ最小2乗法にしろ、これらを用いて将来の売上高を予測するには、過去のデータが有意味な傾向を持っていなければならないのです。

回帰分析での基本的な仮定は，データを分析して抽出された変化のパターンは将来においてもあてはまると考えることです。ですから，この仮定が妥当するかどうかが初めからわかっていない場合には，一度，スキャッター・グラフを描いてから，時系列データが有意味な趨勢を示していることを確かめて，さらに最小2乗法を使って正確な予測値を計算するかどうかを決めるとよいでしょう。

最小2乗法（単純回帰分析）

上に紹介したスキャッター・グラフ法は，各期の売上高を時系列でグラフにプロットし，その傾向線を延長することによって次期の売上高を推計するものでした。しかし，この方法では，よほど大きなグラフを作らない限りプロットは目分量になり，傾向線も何本も考えられたり，さらに縦軸との交点（次期の売上高）が正確に読めないなどの欠点があります。

こうした欠点を補うものとして，同一のデータを数学的に処理して次期の売上高を推計する方法があります。それが，**最小2乗法**です。今日では，これを利用した分析を「**単純回帰分析**」と呼ぶこともあります。

売上高の予測に単純回帰分析を適用する場合，売上高（従属変数）を y，独立変数 x に時間の経過を取り，$y = a + bx$ といった単純なモデル（回帰式）で売上高と期間の関係を表現します。a は縦軸の切片（最初の期の売上高）を表し，b は趨勢（傾き）を表しています。これは，もっとも簡単な計量経済学的モデルによる売上高予測です。

$y = a + bx$ から a と b の値を求めるには，つぎの連立方程式を解けばよいのです。

$$\Sigma y = na + b \Sigma x$$
$$\Sigma xy = a \Sigma x + b \Sigma x^2$$

今,街道筋でガソリンスタンドを経営している「満タン屋」の最近5年間の売上高がつぎのとおりであったとします。

■ 満タン屋の売上高
(単位:億円)

年度（t）	売上高（y）
1	843
2	999
3	1,224
4	1,422
5	1,710
計（Σy）	6,198

この数値をもとに最小2乗法を適用するのに必要な計算表を作成したのがつぎの表です。なお,x^1, x^2, ……, x^n に代えて,1, 2, ……, n という整数を取る変数 t を使っています。

■ 最小2乗法の準備

t	ty	t^2
1	843	1
2	1,998	4
3	3,672	9
4	5,688	16
5	8,550	25
Σ 15	20,751	55

上の数式に数値を代入してみます。

$6,198 = 5a + 15b$

$20,751 = 15a + 55b$

これから，$a=592.5$，$b=215.7$が求められます。したがって，この傾向線は，

$y=592.5+215.7\,t$

となります。この式を使って第6期の売上高を予測しますと，

$y=592.5+215.7\times 6$
$=1,886.7$（億円）

となります。

移動平均法による売上高予測

　もう一つ，予測の方法を紹介します。ここでは，売上高を予測していますが，いずれの方法も，人件費の予測にも，販管費の予測にも，傾向線を引くことができるデータが手に入るものなら何の予測にも使えます。

　移動平均法は，与えられた時系列の各期について，その期までの一定期間の平均値を計算し，それらの平均値を結んだ曲線をもって傾向線とする方法です。1期間が終わるたびに，もっとも古い期間の実績値をはずして，今期の実績値を加えて算定し直すところから，**移動平均法**と呼ばれています。

　なお，平均値を出す方法として，上に説明したような，ある期までの数期間の平均を求める方法と，ある期を中心として前後数期間の平均を求める方法があります。たとえば，1期から5期（1期は1年）までのデータがあるとします。第4期において3年平均による売上高予測値を求めるには，第1期から第3期までの実績値を合計して3で割る場合が前者であり，後者では，第3期から第5期までの実績値を合計して3で割って第4期の売上高予測とします。

　前者には，データをすばやく更新できるメリットがあり，かつ，短期

に，次期の予測が可能だというメリットもあります。後者には，当期以降の新しい傾向を加味することができるというメリットがあります。

ただし，後者では，傾向を知ることはできるけれども，予測する期（上の例では第4期）が終了してさらにつぎの期（第5期）が終了しないと，予測値を出せないというデメリットがあります。もとより，後者の方法は，長期的なデータから傾向線を求めるものですから，これを欠点と呼ぶのは適切ではないかもしれません。

いま，新興住宅地で米屋を経営している「新米屋」の，過去2か年間の月次の売上高がつぎのようであったとします。

■ **新米屋の月次の売上高** （単位：万円）

×1年 月	売 上 高	×2年 月	売 上 高
1	243	1	409
2	255	2	401
3	275	3	437
4	283	4	458
5	300	5	472
6	306	6	495
7	325	7	531
8	328	8	562
9	354	9	619
10	365	10	662
11	380	11	649
12	418	12	701

新興住宅地ですから，住人は今後も増加傾向にあると予想され，売上高の推移いかんによっては，配達のための人手や車両も増やさなければなりませんし，店舗も現在の位置から中心部へ移転することも検討しなければなりません。こうした場合の売上高予測は，失敗すると企業の命取りになりかねません。

最初に，この売上高のデータが有意味な傾向を持っているかどうかを判断するために，**スキャッター・グラフ**を描いてみます。つぎの2つの

グラフは，データ2年分をプロットしたものと，そのプロットに傾向線を引いたものです。

≪「新米屋」の売上高≫

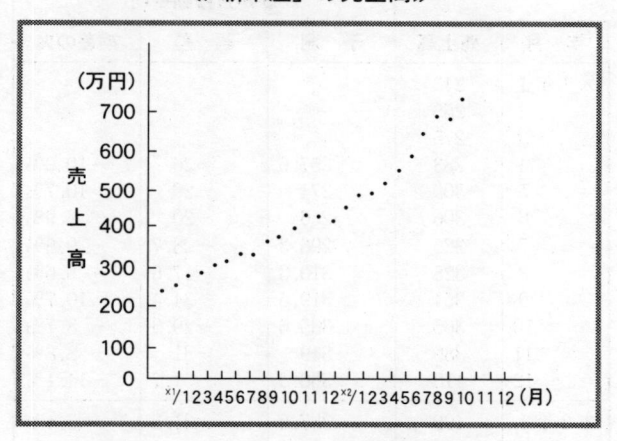

≪「新米屋」の売上高と傾向線≫

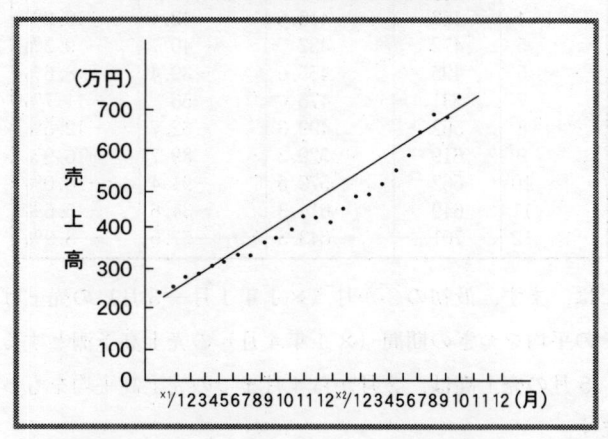

スキャッター・グラフからは，この「新米屋」のデータは回帰分析によって趨勢を見ることが有意義であることを示していると考えられます。そこで，このデータを使って，**移動平均法**による次月の売上高予測がど

の程度の精度で行われるかを見てみましょう。

■ **移動平均法による売上高予測**

年　月	売上高	3か月移動平均		
		予　測	誤　差	誤差の%
×1年1	243			
2	255			
3	275			
4	283	257.6	−26	−10.0%
5	300	271	−29	−10.7%
6	306	286	−20	− 6.9%
7	325	296.3	−28.7	− 9.6%
8	328	310.3	−17.6	− 5.6%
9	354	319.6	−34.4	−10.7%
10	365	335.6	−29.3	− 8.7%
11	380	349	−31	− 8.8%
12	418	366.3	−51.7	−14.1%
×2年1	409	387.6	−21.3	− 5.4%
2	401	402.3	1.3	0.3%
3	437	409.3	−27.7	− 6.6%
4	458	415.6	−42.4	−10.2%
5	472	432	−40	− 9.2%
6	495	455.6	−39.4	− 8.6%
7	531	475	−56	−11.7%
8	562	499.3	−62.7	−12.5%
9	619	529.3	−89.7	−16.9%
10	662	570.6	−91.4	−16.0%
11	649	614.3	−34.6	− 5.6%
12	701	643.3	−57.6	− 8.9%

　ここでは，まず，最初の3か月（×1年1月―3月）の売上げを合計して，その平均をつぎの期間（×1年4月）の売上高予測とするのです。つぎに，5月の売上高は，2月から4月までの売上高平均をもって予測値とします。

　こうして予測値を計算して，それと実績値を比べてみますと，予測の誤差はほぼ10％程度の期が多いことに気がつきます。「新米屋」は，当初の見込みのとおり，ほぼ順調に売上げを伸ばしているのですから，過

去の数値を単純に平均して予測値としていたのでは，趨勢の後追いになってしまうだけです。

そこで，今，移動平均法で求めた次期（次月）の予測額を一定額だけ割り増しして予測値とすることを考えてみましょう。この2か年間の平均月売上げは426万円，誤差の平均は月34.7万円です。したがって，平均の誤差は8％ということになります。

この計算の結果を使って，いま，毎月，移動平均法によって予測された売上高を8％増しにして仕入れることにすると，どうなるでしょうか。これを計算したのが，つぎの表です。

■ 移動平均法による売上高予測（修正）

年月	売上高	3か月移動平均				
		予 測	誤 差	修正予測	誤 差	誤差の％
×1年1	243					
2	255					
3	275					
4	283	257.6	−26	278.2	− 4.7	−1.6％
5	300	271	−29	292.6	− 7.4	−2.5％
6	306	286	−20	308.8	2.8	0.9％
7	325	296.3	−28.7	320	5	1.5％
8	328	310.3	−17.6	335.1	7.1	2.1％
9	354	319.6	−34.4	345.1	0.1	0.0％
10	365	335.6	−29.3	362.4	− 2.5	−0.6％
11	380	349	−31	376.9	− 3.0	−0.7％
12	418	366.3	−51.7	395.6	−22.3	−5.6％
×2年1	409	387.6	−21.3	418.6	9.6	2.3％
2	401	402.3	1.3	434.4	33.4	7.7％
3	437	409.3	−27.7	442.0	5.0	1.1％
4	458	415.6	−42.4	448.8	− 9.1	−2.0％
5	472	432	−40	466.5	− 5.4	−1.1％
6	495	455.6	−39.4	492.0	− 3	−0.6％
7	531	475	−56	513	− 17	−3.3％
8	562	499.3	−62.7	539.2	−22.7	−4.2％
9	619	529.3	−89.7	571.6	−47.4	−8.3％
10	662	570.6	−91.4	616.2	−45.7	−7.3％
11	649	614.3	−34.6	663.1	−14.1	−2.1％
12	701	643.3	−57.6	694.7	− 6.2	−0.8％

この計算結果を見ますと，×2年の1月と2月に若干の仕入れ超過が予想されますが，あとの期間は，ほぼ不足気味です。在庫切れを起こしますと，販売するチャンスを失うだけでは済みません。顧客の信用も，リピート度も影響してきます。

　わが家の近くの米屋さんで，お米だけではなく，ジュース類も，サラダオイルも，ビールも配達してくれるというチラシを新聞に折り込んだところがありました。お米もビールもジュースも，重たいものばかりです。

　車で買い物にでかける人はいいとしても，最寄りの店で買い物をするときには，重いものは避けがちです。それを，配達してくれるというのですから，家庭の主婦にとってはありがたいことです。早速，わが家でも電話してみました。

　配達を頼むモノをメモしておいてから電話しました。ビールもジュースも希望するものがありましたが，肝心のお米は，わが家が希望する「無洗米」はありませんでした。せっかく，「環境に優しい」という無洗米を買おうとしたのですが，それを扱っていないとすれば，この店には2度と注文しないと思います。

　このとき，この店で電話を受けた店長なり店員が，ちょっと気を利かせて，すぐに無洗米を仕入れ，わが家に「無洗米が入荷しました」とでも電話してくるようなら，この店はきっと繁盛します。

　在庫切れを起こしたときの損失は，販売のチャンスを1度失うといったことでは済まないのです。お米という商品は，生活の必需品であるだけではなく，短期に品質が劣化するわけでもないので，多少の「安全在庫」を抱えることも可能です。「新米屋」の場合は，3か月移動平均による売上高予測値に，最低でも10%から12%くらいを割り増しして仕入量を決めるのがよいと思われます。

エピローグ

よい会社の条件

　ここまで読んできて，会社を診る目が少し専門的になってきたような気がしませんか。会社の会計データが手に入りますと，その会社やグループがどれくらい儲けているのか，どういう事業で儲けているのか，将来性はあるか，その会社に投資しても安全か，などといったことがわかるようになります。

　さて，会社の七不思議から始めて，会社の収益性，成長性，安全性，生産性，そして，企業集団の分析の仕方まで，いろいろなことを読んできました。最後に，「よい会社とはどういう会社か」「よい会社の条件」を一緒に考えてみたいと思います。

　立場が変わると，「よい会社」がそうでなくなることもあります。大きく稼いでいる会社なのですが，従業員へ払う給料を切り下げて利益を出している会社であったら，どうでしょうか。給料をたくさん払っているために人件費がかさんで利益が少ない会社もあります。こういう会社は，将来はきっと大きく伸びますが，今の株主が見ると，あまり「いい会社」には見えないかも知れません。

CHAPTER 1

社会に貢献しているか

▗ 利益の額は経営者の総合成績

　経営がうまくいったかどうかは,端的にいって,その期間の利益に現れます。利益の額は,いわば,期末試験の後につけられる「総合点」みたいなものです。

　利益は,収益（売上高）から費用（売上原価や人件費）を差し引いた残りとして計算されます。したがって,**利益を増やすには,(1)収益を増やす,(2)費用を減らす,(3)収益の増加を図りつつ費用を削減する**,という3つのルートがあります。

　売上げの増大を図るには,お客さんに喜ばれるような製品を作り,その製品の存在を知ってもらうために広告宣伝活動を行い,購買意欲をかき立てるようなディスプレイを施し,商品知識の豊富な店員があいそうよく接客し,販売後も質のいいアフター・サービスを提供するといった努力が必要です。

　他方,費用を削減するには,在庫を適切に管理して在庫費用を削る,

売れ残りを作らないように工夫する，再利用できるものはリサイクルする，電気・電話・郵送などのムダを省くといった努力が必要です。

こうした努力が実りますと，収益が増加し費用が減少して，差額としての利益は増加するのです。

従業員の給料を減らせば利益は増える

利益は収益と費用の差額ですから，どのような方法で費用が削減されても，その削減分だけ利益が増加します。減価償却費を過小に計上したり，当期の修繕費を次期に回したりしますと，たしかに費用が削減されて，計算上の利益は大きくなります。しかし，こうしたことを続けていたら，いずれ会社は財務状態を悪化させるでしょう。

より問題なのは，利益の額を大きく見せようとして，従業員の給与・賃金をカットしたり昇給を抑えたり，ひどいときには，従業員を解雇したりすることです。最近では，リストラ（リストラクチャリング）を名目に，従業員を大量に解雇する会社が増えています。

リストラは，本来，企業が経済環境の変化に対応して，成長と収益力を維持・増進するために行う**「事業の再構築」**をいうのですが，現在のわが国で行われているリストラは，ほぼ例外なく，人員整理です。これまで会社のために汗水流して働いてくれた正社員を解雇して，その代わりに，契約社員・派遣社員・中途採用・嘱託社員・アルバイトといった安い人件費で済ませようというのです。

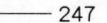

従業員の給料と会社の儲けはシーソーゲーム

　会社の利益と従業員の給料はシーソーゲームなのです。従業員の給料を上げると会社の利益は減り，従業員の給料を減らすと会社の利益が増えるのです。しかし，働く人たちに適切な給与・賃金を支払わずに利益の大きさだけを追求するというようなことをしていますと，いずれ働く人たちは労働意欲や向上心，さらには愛社精神を失うでしょう。そうなりますと，職場の規律が乱れ，作る製品の質が落ちたり，接客態度が悪くなったり，ひいては，売上げが減少することになりかねません。

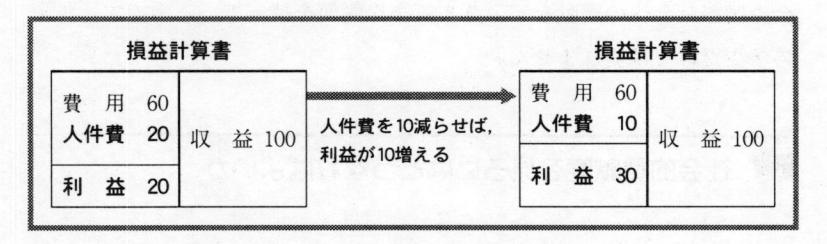

損益計算書		
費　用　60		
人件費　20	収　益　100	
利　益　20		

人件費を10減らせば，利益が10増える →

損益計算書		
費　用　60		
人件費　10	収　益　100	
利　益　30		

　利益をいかに大きく計上しても，それが会社の能力によって裏打ちされたものでなければ，長続きしないのです。真の収益力というのは，会社の経営能力によって生み出されるものをいうのです。計算の上だけの利益ですと，いつかは労働意欲・勤労意欲を失わせるか，消費者の購買意欲を減退させ，結局，収益性の低下を招くことになります。
　では，会社が，ちゃんと従業員に給料を払っているかどうか，さらには，会社が社会的な責任を果たしているかどうかを知るにはどうしたらいいでしょうか。

儲け過ぎに対する社会的批判

　今では，会社がひたすら利益の追求に走れる時代ではありません。ある大手自動車会社の社長が，儲けすぎだと批判されて，儲けていることによって多額の税金を払っているのだから社会的な責任は果たしている，と開き直ったことがありました。

　税金をたくさん払っているということは，たしかに社会的な貢献の一つです。しかし，会社の社会的責任というのは，労働環境や給与，消費者に供給する商品やサービスの価格や質，アフター・サービス，地域社会や国際社会への貢献など，さまざまな側面を持っているのです。税金の多少だけでは測れません。

社会的貢献度を見るにはどうすればよいか

　会社の経営活動が，どれだけ社会に貢献しているかは，**生産性**を計算すればわかります。生産性というのは，1年間にどれだけの量の生産要素（生産設備と労働力）が生産活動にインプットされ，そこからどれだけの量の生産物がアウトプットされたかをいいます。これと**資本利益率**を対比してみますと，両者の違いがよくわかります。

$$生産性 = \frac{アウトプット}{インプット} \qquad 資本利益率 = \frac{利益}{資本}$$

　生産性は，生産活動にインプットされた生産要素の量に対して，アウトプットとして得られた生産物の量がどれだけかを計算するものです。

生産活動の能率を示すといっていいでしょう。

ところが，資本利益率では生産活動の能率を示すことができないのです。非常に高能率で生産が行われていても，賃金も高い水準であれば，その能率の良さは資本利益率には現れません。賃金をカットしたり低水準に抑えますと，利益は増加し，資本利益率は高くなりますが，生産性が向上したわけではないのです。

生産性を測定する場合，通常は，インプット，つまり生産要素としては**生産設備**とその設備を動かす**労働力**を，また，アウトプットとしてはその会社が独自に作り出した価値，つまり**付加価値**(ふかかち)を使います。生産設備と労働力を結合することによって，どれだけ大きな価値を生み出したか，これが生産性なのです。

$$生産性 = \frac{付加価値}{生産設備 + 従業員}$$

付加価値とは何か

後で述べますように，利益も会社が生み出した価値ですが，**付加価値**はそれだけではありません。付加価値というのは，その会社が独自に創りだした価値，その会社の経営成果をいいます。

たとえば，3人で雪だるまを作ったとしましょう。Aさんは，自分一人でバスケット・ボールくらいの雪だるまを作って，Bさんに渡しました。Bさんは，さらにそれを直径1メートルくらいの大きさにしてCさんに渡したとします。Cさんは，受け取った1メートルの雪だるまを転がして，アドバルーンほどの大きさにしたとします。この場合，A，B，Cが新たに創造した価値＝付加価値は，それぞれが加えた雪の量です。

もう少し現実的な例を使いましょう。Ｄさんは500円で仕入れた小麦粉でホットケーキを作り，喫茶店を営むＥさんに，1枚80円で10枚，合計800円で売り渡したところ，Ｅさんは，これをお客さんに1枚130円で売りました。

　Ｄさんは800円の収入がありましたが，その全部がＤさんの企業努力の成果ではありません。500円分は小麦粉を作った人の努力の成果で，Ｄさんはこれに300円分の成果を上積みしたのですから，300円がＤさんの付加価値です。Ｅさんは，1,300円の収入がありました。このうち800円は，自分の努力とは関係ありません。Ｅさんが創りだした価値は，1,300－800＝500円です。

　付加価値の計算では，このように，Ｄさんにとっての小麦粉，Ｅさんにとってのホットケーキは他人が作ったものであり，自分が創りだした価値を計算するときには除外されます。

　ここでは，Ｄさんがいくら儲けたか，Ｅさんがいくらの利益を上げたかは，問題にはなりません。Ｄさんがアルバイトを使ってホットケーキを焼いても，Ｅさんの店が赤字であっても，付加価値の額は変わりません。

■　ＤさんとＥさんの生み出した付加価値

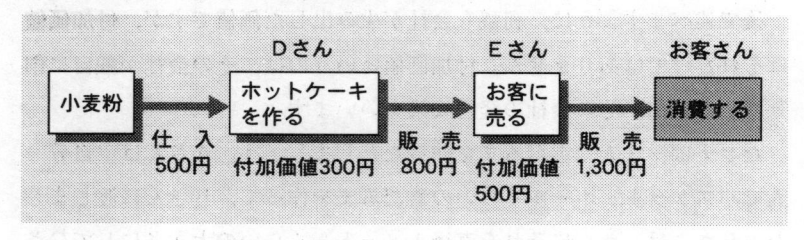

	Ｄさん	Ｅさん	お客さん
小麦粉 →	ホットケーキを作る →	お客に売る →	消費する
仕入 500円	付加価値300円　販売 800円	付加価値500円　販売 1,300円	

　大ざっぱな言い方をしますと，付加価値は，商品や製品の金額から，他人が作った部分（原材料や仕入れた商品）を差し引いて，自分が世に送り出したか，自分が創りだした価値をいうのです。

> 付加価値を計算すると
> 　　　付加価値＝売上高－仕入原価
> 　　　付加価値＝生産高－原材料費

付加価値の計算方法

付加価値は，それを構成する諸要素を加算して金額を求めます。

> 付加価値＝人件費＋利息割引料＋地代＋租税＋利益

この式からわかりますように，付加価値の計算では，人件費も利益も合算されます。したがって，人件費を削って利益を大きくしたとしても，付加価値の額は変わりません。給料や賃金をたくさん支払ったために利益が小さくなった会社も，利益を大きくしようとして人件費を削った会社も，付加価値の額で見ますと，ありのままの姿が現れてくるのです。

付加価値は社会的貢献度の指標

上に紹介した算式から，付加価値はつぎのような構成になっていることがわかります。

人件費 （給料・賃金）	金融費用 （支払利息）	地　代 賃借料	租　　税	純　利　益

付加価値構成は，企業活動への参加形態別に見た報酬ともいえます。会社は，人的・物的な集合体です。株主だけでも，従業員だけでも，あるいは，経営者だけでも機能しません。

株主が資本を出し，不足の資金を金融機関が出し，地主や家主が土地や建物を，経営者や従業員が専門的知識や労働力を提供し，国家や地方公共団体が，営業や生産の許可，港湾や道路の建設，不況時の財政的支援，交易上の便宜などのサービスを提供してはじめて会社は動くのです。

したがって，これらの人々や組織がそれぞれ独自の役割を持って，直接・間接に企業活動に参加しているということができます。

付加価値の増減と企業成長の健全性

上に述べましたように，**会社の成長**を端的に表すのは，(1)**売上高**，(2)**総資本**，(3)**経常利益**，(4)**従業員数**，の増減でした。「必須知識編」の第4章では，この4つの項目を使って，**「成長性比較グラフ」**を作成しました。

しかし，利益の数値が，会社の給料や賃金に対する政策によって変わることを考えますと，このグラフに**付加価値**の変化を取り入れて次頁のようにしたほうがよさそうです。

CHAPTER 1 社会に貢献しているか

≪成長性比較グラフ≫

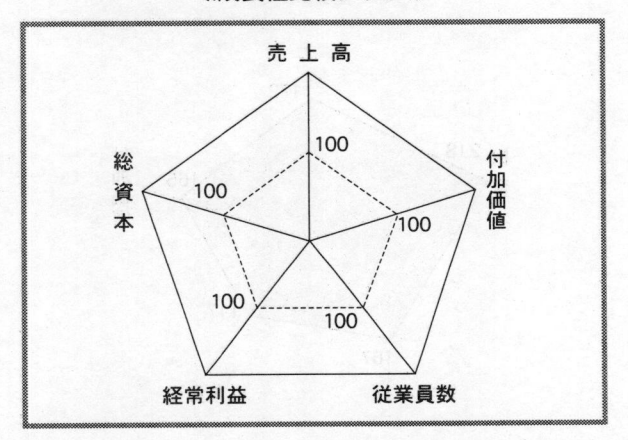

では，電動工具のトップメーカーである**マキタ**のデータを使って，このグラフを描いてみましょう。**マキタ**の1981年2月期と1989年2月期のデータはつぎのとおりでした。

■ マキタの会計データ

	売上高	総資本	経常利益	従業員数	付加価値
1981.2	597億円	764億円	55億円	2,543名	222億円
1989.2	1,029億円	1,671億円	92億円	2,987名	367億円
成長率	72.3%	118.7%	67.2%	17.4%	65.3%

このデータを使って作成したのが，つぎのグラフです。

254 ──── ◆ エピローグ

≪マキタの成長性分析≫

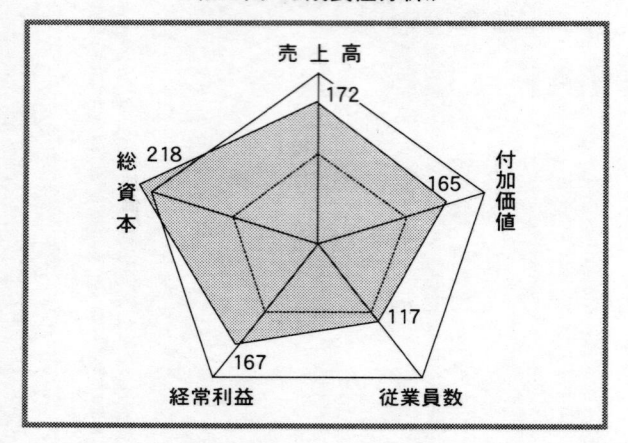

売上高 172
付加価値 165
従業員数 117
経常利益 167
総資本 218

　グラフからは，マキタはこの当時，比較的健全な成長を続けている会社であったことがわかります。特に，売上高，経常利益，付加価値の成長を見るとバランスが取れています。総資本の伸びと従業員の伸びにアンバランスなところがありますが，同社の立地条件から適切な人材をタイムリーに確保することが難しいために，機械化（設備投資）を推進したものと想像されます。

CHAPTER 2
経営計画と経営戦略を読む

■「有価証券報告書」って何だ

　自分が勤めている会社が**証券取引所**に上場していれば，「**有価証券報告書**」という書類を作成しています。経理部とか広報課，あるいは，株式課といった部署でもらうことができるでしょう。上場しているような大規模な会社であれば，ホームページでも公開していると思います。

　この「有価証券報告書」という文書は，タイトルからはどのような文書か想像しにくいですが，中身は，「有価証券を一般社会に公開している会社の営業・生産・経理・輸出入・設備などに関する報告書」，つまりは，「**会社の現状と将来計画の報告書**」です。

　この報告書には，その会社の財務諸表だけではなく，その会社を親会社とした企業集団の**連結財務諸表**も含まれています。それ以外にも，事業の概況，営業の状況，研究開発活動の状況，生産能力（生産計画と生産実績），販売実績，輸出割合，設備の状況や新設計画など，その会社とグループを理解するのに必要な情報が満載されています。「有価証券

報告書」は，企業情報の宝庫なのです。

せっかく会社がそうした情報を公開しているのですから，投資家なら投資する前に，学生なら就職試験を受ける前に，そしてその会社の管理職にいる皆さんなら，「わが身を知る」ために，ぜひ，一読，いえ，精読しておきたいものです。

以下，有価証券報告書に公開されている情報を使って，企業の経営計画と経営戦略を読むことにします。

配当政策を読む

本来，会社の利益はすべて，会社の所有者である株主のものです。しかし，会社は，稼いだ利益をすべて株主に配当として支払うわけではありません。いろいろな事情から，利益の一部を配当として株主に支払い，残りを会社の内部にとっておきます。こうして会社にとっておかれた利益を「**留保利益**」といい，会社に取っておくことを「**内部留保**」といいます。

今年の利益のうち，どれくらいを株主に配当し，どれだけを内部留保するかを，株主に公約している会社もあります。

たとえば，**アサヒビール**は，平成6年に無担保転換社債を発行しましたが，その際に，以後の3期において平均65％の**配当性向**（利益のうち配当に回す割合）を維持するように公約して，それを順守しています。

また，**本田技研工業**は，「配当性向はこれまで概ね30％を維持してきており，今後もこの考え方にそった配当を実施するよう努力」することを約束しています。ただし，平成12年3月期のように，1株23円の配当で，配当性向が16.5％という年もあれば，平成13年度のように1株23円は同じでも，配当性向は198％，配当が利益のほぼ2倍という年もあり

ます。

配当政策を**配当性向**という形で公約している会社は，必ずしも多くはありません。多数の会社は，「当社は安定的な配当の維持および向上を基本方針としている」というように，配当を**平準化**することを方針としています。

経営戦略を読む

有価証券報告書の中に「**営業の状況**」という欄があります。ここを読みますと，会社の経営戦略がよくわかります。

たとえば，**京セラ**では，「グローバル経営の強化」をねらって，アジア地域における現地生産を強化するため，インドネシアでの電子部品等の生産拡大，中国での電子部品の生産拡大とカメラの販売拡大を計画しています。

ソニーは，本社機構改革と国内販売体制の再編を実施し，本社の戦略立案・推進機能とカンパニー制のもつ自己責任経営を2本の柱とした体制を目指しています。民生用機器は，国内に8社の販売会社がありましたが，これを統合し，**ソニーマーケティング（株）**を発足させ，事業戦略の立案から販売まで，一元的に行う方針を明らかにし，これを実行しています。

経営計画や経営戦略が読めない会社も少なくありません。たとえば，具体的な計画や戦略を示すことなく，「豊かな社会の実現に貢献しうる企業を目指して引き続き努力する所存」とか，「活力あふれる企業を目指し，株主の期待にこたえていく所存」などと書かれても，経営者の姿勢や将来に対する展望，あるいは，経営戦略といったものは読みとれません。

有価証券報告書は，自社の「はだかの姿」も「将来計画」も「経営戦略」も，すべて白日の下にさらけだすための書類です。そこで「わが社の現状と将来」を明確に示せないようでは，この報告書を「作文」でお茶を濁しているのです。いってみますと，そうした会社には明確な戦略がないのです。そこらあたりを知るだけでも，有価証券報告書を読む価値がありそうです。

■ 投資計画・生産計画を読む

　経営戦略は，目標を掲げるだけでは「空鉄砲」です。実弾が入っていない鉄砲など「おもちゃ」に過ぎませんが，口先だけの経営戦略も「作文」でしかありません。

　会社の経営戦略は，具体的な行動をともなってこそ意味があります。会社が，有価証券報告書の中で表明した戦略を，どこまで具体的に実施する気なのかは，たとえば，研究開発活動とか設備投資の計画，生産計画などを読むとわかります。

　参考までに，**富士写真フイルム**の設備の新設計画（平成14年度）を紹介しておきます。設備の新設・拡充計画は，総額で1,620億円で，その内訳はつぎのとおりです。

■ 富士写真フイルムの設備計画

(単位：百万円)

事業の種類別セグメントの名称	計画金額	設備計画の主な内容・目的	資金調達方法
イメージングシステム	39,000	生産能力増強 製造設備合理化・省力化	主として自己資金
フォトフィニッシングシステム	28,000	同上	同上
インフォメーションシステム	95,000	同上	同上

　同社の有価証券報告書（平成13年度）を読みますと，イメージングシステム部門における設備投資は，中国におけるデジタルカメラ生産能力増強のための設備投資と国内におけるＣＣＤイメージセンサー，デジタルカメラ生産能力増強，合理化・省力化のためのものであることがわかります。

　また，フォトフィニッシングシステム部門における設備投資は，アメリカのラボへの投資と国内のミニラボへの投資であり，インフォメーションシステム部門における投資は，国内における液晶ディスプレイ材料の生産能力増強等を目的としたものであることがわかります。いずれの投資も，デジタルカメラ，ミニラボ，液晶ディスプレー等の需要増加に対応するものであり，次年度以降の収益に貢献することが期待できます。

▌生産能力・生産余力を読む

　会社の現有設備がどれだけの生産能力を持ち，現在，その能力の何割くらいで営業しているのかを知ることは重要です。目一杯で，フルに稼

働しているとすれば，急な需要増加に対応できません。かといって，あまり余裕たっぷりというのも不経済です。

たとえば，ここ数年，躍進著しい**アサヒビール**を見てみましょう。同社は，酒類の生産能力を，

**　　酒のタンクの容量×年間平均回転率**

を基礎に，仕込みとビン詰め能力などを総合判定して算定しています。

1999年度の有価証券報告書によりますと，同社の酒類の生産能力と生産実績はつぎのとおりでした。

■ **アサヒビールの生産能力（1999年度）**

製 品 名	設備能力（年間）	設備能力の算定方法
酒　　　類	2,107,300 kℓ	（貯酒槽容量）×（年間平均回転率），びん詰能力他を総合判定

■ **アサヒビールの生産実績（1999年度）**

製 品 名	合　　　計	操　業　度
酒　　　類	2,541,567 kℓ	121%

このデータからわかることは，この時期，**アサヒビール**はフル生産しても間に合わない状況だったということです。その後，神奈川県南足柄市に神奈川工場を建設（2002年5月完成）し，東京工場の稼働を2002年末までにやめる計画を立てています。しかし，2000年度以降の有価証券報告書には，生産能力や生産実績のデータがなく，こうした設備増強によって需要増加に十分対応できるかどうか，明らかではありません。

研究開発活動を読む

　有価証券報告書には，会社の**研究開発**に対する取り組みが示されています。どういう研究開発にどれだけの資金が投入されているかは，会社の将来性を読むうえで，必須の情報です。

　研究開発は，当面の利益には貢献しませんし，将来的にもその研究が成果を出すという保証もありません。しかし，先端産業に属する会社や業界のリーディング・カンパニーなどにとっては，**事業と研究開発は車の両輪**で，研究活動が活発に行われている会社でなければ将来性はないともいえます。

　有価証券報告書には，そのほかにもたくさんの情報が盛り込まれています。そうした情報を丹念に読み，分析すると，思わぬところで会社の経営計画や経営戦略をうかがい知ることができます。最近では，わざわざ有価証券報告書を買わなくても，会社のホームページで見ることができる会社が増えています。

CHAPTER 3
配当性向・配当率・配当倍率を読む

■ 配当性向とは何か

会社が利益を上げますと、取締役は期末に配当議案を作成し、**株主総会**に諮ります。株主総会は、わが国ではあまり機能していないので、議案のとおりに決定されることが普通です。

会社が稼いだ利益のうち何%を配当として株主に分配するかを示すのが、**配当性向**です。

$$配当性向 = \frac{配当金}{当期純利益} \times 100 \ (\%)$$

本来、利益はすべて会社の所有者、つまり株主のものですが、課税上の問題や経営政策、配当の平準化政策、あるいは株主軽視の風潮などから、わが国では利益の一部しか配当に回されません。

配当性向は、見ようによっては、経営者の株主軽視度を表す指標であり、経営者のケチ度でもあります。

ただ，わが国の会社は，その年にいくら稼いだかとは関係なく配当額を決める傾向があります。試しに，「**会社四季報**」でも「**日経会社情報**」でも開いてみるとよいでしょう。どの頁にも，毎年，1株当たり配当額を変えない会社が見つかります。

たとえば，つぎに掲げる**東京海上火災保険**，**三井住友銀行**，**日本ハム**のデータからわかるように，当期の1株当たり利益の額と配当額とはほとんど関係がありません。損失を出した期にも，同じ額の配当を行っています。配当は，その期の利益からだけではなく，過去の利益を内部留保した部分（任意積立金など）からもできるからです。

■ 東京海上火災保険

	1株当たり利益	1株当たり配当額
1999年度	12.5円	7.0円
2000年度	12.6円	7.0円
2001年度	17.0円	7.0円

■ 三井住友銀行

	1株当たり利益	1株当たり配当額
1999年度	──（純損失）	6.0円
2000年度	14.4円	6.0円
2001年度	16.6円	6.0円

■ 日本ハム

	1株当たり利益	1株当たり配当額
1999年度	42.4円	16.0円
2000年度	46.9円	16.0円
2001年度	4.7円	16.0円

配当性向と配当率

　1株について5円の配当というのは，1株を所有する株主に，年間で5円の配当を支払うということです。古くからある会社は，額面を50円とする株式（額面株式）を発行しています。50円株の場合，年間に5円の配当ということは，額面に対して1割の配当ということですから，これを配当率1割といいます。

> 配 当 性 向＝当期の利益のうち，配当として分配する割合
> 　　　　　＝$\dfrac{配当金}{当期純利益}\times 100$（％）
>
> 配　当　率＝株式の額面に対する配当の割合
> 　　　　　＝$\dfrac{配当金}{株式の額面}\times 100$（％）

　5円配当の場合，会社は，期末における発行済み株式数に5円を掛けて，必要な配当額を決めるといわれています。その年にいくらの利益があったかからスタートするのではなく，その年の利益の多少に関係なく，毎年の慣例のとおり，5円配当するのに必要な金額を計算するというのです。

　そうしますと，**配当率**（株式額面に対する配当の割合）を一定に固定しますと，当然ながら，当期純利益の増減に応じて**配当性向**が増減します。多くの利益を上げた期には配当性向は下がります。利益が増えても配当率が一定なのですから，利益のうち配当に回される割合（配当性向）は小さくなります。逆に，利益が少ない期には，利益のうち配当に回される部分が大きくなり，配当性向が高くなります。

わが国の会社では，このように配当性向と配当率がまったく関係なく決められることが多いようです。

配当倍率——イギリスの知恵

英米（特にイギリス）では，配当性向の計算式の分母と分子を入れ替えて，**配当倍率**を計算します。配当倍率は，英語で dividend cover といい，当期に支払われる配当の何倍の利益があったかを示すものです。

$$配当倍率 = 配当の何倍の利益があるかを計算 = \frac{当期純利益}{配当金}（倍）$$

配当倍率は，**配当の余裕度**なり**配当余力**を示す指標として使われています。つまり，当期の配当に無理がないかどうかを判断する指標なのです。

配当性向と配当倍率は，単に分母と分子を入れ替えただけですが，一方は経営者のケチ度の「ものさし」とされ，他方は余裕度を見る「ものさし」とされます。その国で使われる計算式（ものさし）が，すでにその国の国民性や経済感覚を物語っていて興味深いですね。

CHAPTER 4
最近の「よい会社」とは

　「よい会社の条件」をいくつか考えてきましたが，最近では，収益性とか安全性あるいは生産効率などといった従来の「ものさし」とは違った面で，よい会社かどうかが問われるようになってきました。
　そうした新しい「ものさし」として，ここでは，「環境への取り組み」，「消費者への対応」，「リスク管理」，「コーポレート・ガバナンス」を紹介します。

環境問題への対応はできているか

　最近では，**「環境にやさしい」**ことが「よい会社」の条件になってきました。環境に配慮した製品を作る，リサイクルができる製品を作る，資源を大切にする，ゴミを出さない，社内のゴミ資源をリサイクルする，環境保全のために投資している，などなどが会社の評価に加えられてきました。
　ただ，稼ぎが大きいとか，配当がいいとか，給料が高い，といったこ

とは，これからの会社を評価する基準としてはあまり重視されないかも知れません。

　ところで，皆さんが勤務しているところでは，ゴミ資源の回収に熱心ですか，もしかして，失敗したコピーをゴミ箱に捨てていませんか。社内から出る資源ゴミ（失敗したり要らなくなったコピー用紙，食堂の廃棄物，空き缶，空き瓶など）は，ちゃんとリサイクルされていますか。

　社内の資源ゴミがリサイクルされていないところでは，仮に，製品の一部にリサイクル製品（たとえば，再生紙など）を使っていたところで，あるいは，その製品がリサイクルに向くように作られていたところで，それは本心から環境を考えている会社とはいえないのではないでしょうか。

　最近，「**環境会計**」という領域が誕生しました。企業が，環境の保護・保全にどれだけの力（お金）を注いでいるか，また，環境を破壊した場合に，どれだけ回復や環境破壊の再発防止に努力（お金）を注いでいるかを，企業が報告するものです。

　これからは，会社の利益や資本の大きさだけではなく，どれだけこうした環境への配慮をしているかといったことも，会社を評価する指標の1つとして考えていかなければなりません。

消費者への対応はできているか

　あなたの会社には「消費者相談室」とか「お客様相談室」とか，あるいは，消費者からのクレームや相談を受け付けている電話窓口がありますか。

　あるときに大手のスーパーでフライパンを買いました。2〜3日も使わないうちに取っ手が緩んでしまったので取り替えてもらおうと思って

スーパーに行ったときのことです。応対した店員が，こう言うのです。「このフライパンは当店で作ったものではないので，当店には責任がありません」と。

わたしは思わず，「では，おたくの店では，腐った卵を売っておいて，『わたしが産んだのではないので知りません』とでも言うのですか」，と聞いてしまいました。

ある電機屋で無線機（トランシーバー）を買ったときです。どうも調子が悪いので店にクレームをつけたのですが，店員いわく，「やっぱりダメですか。」この店員は，売りつけたトランシーバーが欠陥品だったことを知っていたのです。別の客に売って返品されてきたものを，つぎに買いに来たわたしに売りつけたというわけです。ひどい商売をする店もあったものですね。

筆記具についてのクレームを2つ書きます。

油性ペンを買ったときのことです。封を切って書いてみると1字も書けません。このときは，取り替えてもらおうと思い，メーカーに直接送り返しました。でも，交換どころか，お詫びの手紙もなし，でした。もう一つは，別の会社のシャープペンシルを買ったところ，芯をうまく送り出せません。これもメーカーに送り返しました。今度は，メーカーがいろいろ調査やテストを繰り返してくれて，芯の種類を代えるとよいことがわかりました。どちらもＰから始まる名前の会社でしたが，前者の会社はつぶれてしまいました。後者は，ＰＩＬＯＴです。

どこの会社でも，社員もその会社の製品を使う消費者なのです。**トヨタ自動車**の社員はまず間違いなく**トヨタ**車に乗ります。自分が買った車に不具合があれば，事細かにクレームをつけるでしょう。会社にしてみますと，社員からのクレームは，製品の手直しにとっても，新製品の開発にとっても，貴重な情報です。社員にはぜひ自社製品を使ってもらっていろいろ意見や感想を聞きたいものです。

CHAPTER 4　最近の「よい会社」とは　◆──269

ところが，どう考えても，この会社の社長も社員も自社製品を使っていないなと思う製品もあります。身近な例でいいますと，袋入りの食品（ラーメンでもお菓子でも）で，袋に切り込みが入っていなかったり，切り込みが入っていても切れなかったという経験はだれもがあると思います。切り込みの印が小さくて，どこにあるのかわからないものもあります。

多くの食品には賞味期限などが書いてあるはずですが，ほとんどの場合，どこに書いてあるのかわかりにくいですね。期日が書いてあるけど製造年月日なのか賞味期限なのかわからないといった不届きなものもあります。きっと，消費者には知らせたくない情報なのでしょう。ところで，食品にはそれぞれ「消費期限」とか「賞味期限」とか「品質保持期限」とか書いてありますが，その違いがわかりますか。

消費者を軽視して社会的な事件を引き起こしている会社もあります。最近でも，**三菱自動車**が大掛かりなクレーム隠しをしたり，**雪印食品**が大規模な食中毒事件を引き起こしたり，**日本ハム**が国の狂牛病対策を悪用した偽装牛肉事件を引き起こしたり，消費者をないがしろにした事件はあとを絶ちません。

消費者をないがしろにした経営は，必ず大きなペナルティを受けます。時には，会社を解散しなければならないとか，屋台骨が揺らぐほどの事態に立ち至ります。管理職にいる皆さん，自分の会社はどうですか。

■ リスク管理とコーポレート・ガバナンス

雪印食品や**日本ハム**の事件が発覚した後，両社ともに，事件を隠そうとしたり虚偽の報告をしたりしました。前言を取り消すたびに会社の信用はがた落ちしました。

エピローグ

　雪印も**日本ハム**も，わが国のトップ・ブランドです。それが，わずか数日，数週間で，奈落の底に落ちるのです。

　三菱自動車のクレーム隠しが報道されたとき，新聞社や雑誌社には，他の自動車会社の従業員や関係者から，おびただしい内部告発があったそうです。クレーム隠しは**三菱自動車**だけではない，ということでしょうか。**雪印**や**日本ハム**の事件が報道されたときも，他の食品会社の従業員などから「うちもやっている」という内部告発が相次いだといいます。

　こうした事件が起きると，決まって「犯人探し」が行われ，これまた決まって支社や工場のスタッフが「スケープゴート」にされます。でも，本当の犯人は，こうした不祥事や違法行為を未然に防ぐための手立てを怠った経営者なのです。事故や事件を「未然に」防ぎ，万が一にもそれが生じたときに社会に及ぼす被害を最小にするように「事前に」対策を立てておくのは，経営者の責務です。

　会社が，「社会に被害を及ぼすリスク」もあれば，会社が「社会から被害を受けるリスク」もあります。前者の例としては，今あげた食品公害，製法や製品による環境破壊，違法行為などがあり，後者の例としては，株価の暴落，為替変動，（前者の結果としての）製品ボイコット，輸出入規制，関税などがあります。

　こうしたリスクに対しては，事前に備えることができることには備えをし，事後的（事故が発生した後）に対応するべきことについては，普段から，「マニュアルを作成する」，「直属の上司を飛ばして，本社に通報するシステムを作る」，「業界としての対応窓口を作る」といった対策を立てておく必要があるでしょう。

　こうした事態が生じたときにも，トップ・マネジメントが動かないこともあります。きっと，こうした会社の経営者は，側近から「都合のいい情報」だけを聞かされてきたのかもしれません。創業者が体面とか世間体を気にして，何とか責任を部下に押し付けようとしているのかもし

れません。

　今，日本の会社が必要としているのは，創業者に物言えるスタッフ・機関，支店・工場など下部の意見や情報を取り込む機関，つまり，コーポレート・ガバナンスが機能する組織ではないでしょうか。

　さて，「よい会社の条件」から始めて，「最近の，よい会社の条件」をいくつか書きました。ここで書ききれなかったこともあります。「従業員や取引先との約束を守らない会社」とか，「儲けすぎている会社」とか，「子会社や関連会社をいじめている会社」とか，「よくない会社」はいくらでもあります。皆さんが勤めている会社が，「よい会社」にグループ分けされていることを期待して，本書を終えたいと思います。最後まで読んでいただき，ありがとうございました。

　本書への感想や，今後の希望，辛口の批評など，ぜひ，メールでもＦＡＸでも手紙でもけっこうですから，教えてください。

　ＦＡＸ　045-413-2678（田中宛であることを書いてください）
　Ｅメール　CYA04517@nifty.ne.jp
　ラブレター　221-8686　横浜市神奈川区六角橋3-27-1
　　　　　　神奈川大学　経済学部

Index

A〜Z

GAAP ……………………………78
IAS ……………………→国際会計基準
ROE,ROA ……………………123

あ行

赤字と黒字 ………………………13, 14
後入先出法 …………………………77
粗利益 ……………………………93−94
1年基準 ……………………………112
一般管理費 …………………………95
移動平均法 ……………………237−242
インカム・ゲイン ………………179
売上高予測 ……………………230−242
売上高利益率 ……………………125
売掛金 ………………………………54
営業外損益 ………………………91, 96
営業循環 ……………………→資金循環
営業循環基準 …………………110−111
営業損益 ……………………91, 94

か行

買掛金 ………………………………54
会計処理 ……………………………15
会計ビッグバン ………………160−163
確定決算主義 ………………………75
貸方 …………………………………62
貸付金 ………………………………54

片対数グラフ …………………138−140
株主資本利益率 ……→自己資本利益率
借入金 ………………………………54
借方 …………………………………62
為替手形 ……………………………15
キャッシュ・フロー計算書 …219−229
キャピタル・ゲイン ……………179
経常利益 …………………………101
ケイツネ ……………………………96
決算公告 ……………………………46−48
原価主義会計 …………………113, 117
原価割れ …………………………22, 31
国際会計基準 ……………………159
固定費 ………20−21, 27, 127−133, 198
固変分解 …………………………198

さ行

採算ベース …………………………22
財産法 ……………………………85−87
最小2乗法 ……………………234−237
債務超過 ……………………181, 229
先入先出法 …………………………77
時価会計 ……………………173−181
資金 …………………………205−206
資金繰り(表)…16, 206−208, 210−218
資金循環 ……………………149, 219
自己資本比率 …………………146−148
自己資本利益率 ………………121, 123
実現主義 ……………………………89

自転車操業…………………17－18
資本回転率…………………124, 126
資本利益率………………48, 49, 119
収益……………………………86, 95
出金伝票………………………………42
証券取引所……………………………72
上場……………………………………72
仕訳帳…………………………………42
スキャッター・グラフ
　　　　………………232－235, 238－239
成長性比較グラフ…………141－143
セグメント情報……………193－197
総資本利益率………………120, 123
損益計算書………50, 58－61, 85－107
損益分岐点…………………127－133, 197
損益法……………………………85－88
損失……………………………6, 95

た行

貸借対照表…50, 52, 60－61, 108－117
たこ配当…………………………68－69
定額法…………………………………76
ディスクロージャー…67, 69－73, 164
定率法…………………………………76
手形……………………………………15
当期業績主義………………97－101
当座比率……………………153－155
得意先元帳……………………………42
特別損益……………………………92, 97
内部取引……………………………25, 26

な行

内部利益………………………………26
入金伝票………………………………42
値入れ率……………………19－20, 125

は行

配当性向……………256, 262, 264－265
配当率…………………………………264
発生主義（会計）……………………88
販売費…………………………………95
費用……………………………………86
費用収益対応の原則…………………90
付加価値……………………249－254
含み（経営）………………174－181
不在株主………………………………72
振替伝票………………………………42
平均法…………………………………77
変動費………………21, 128－133, 198
包括主義……………………98－101

ま行

マークアップ…………………………20
マークアップ率………………→値入率
未処分利益……………………………103

や行

約束手形………………………………15
有価証券報告書……………………255

ら行

利益……………………………86, 95
利益図表……………131－133, 200
流動性…………………………………111
流動比率……………151－155, 191
連結財務諸表
　　　　………49, 70, 167－173, 185－203

わ行

ワン・イヤー・ルール………→1年基準

☆ 著者のプロフィール ☆

田 中　　弘（たなか　ひろし）

早稲田大学商学部を卒業後，同大学大学院で会計学を学ぶ。貧乏で，ガリガリにやせていました。博士課程を修了後，愛知学院大学商学部講師・助教授・教授。この間に，スキーとテニスとゴルフを覚えました。

1993年より，神奈川大学経済学部教授。

「イギリス会計制度の研究」で早稲田大学より商学博士。

1994年から1997年まで公認会計士2次試験委員。

2000－2001年，ロンドン大学（LSE）客員教授。

趣味は，スキー（全日本スキー連盟準指導員），テニス（草大会1回戦ボーイ），ゴルフ（関東のゴルフ場は高すぎてプレイできない），フィッシング（三浦半島や葉山で小魚を釣るのが好き），乱読（司馬遼太郎と山本周五郎が大好き。J.Grisham, J.Archer, S.Sheldon などの原作を，想像力たくましく読むのも，好きです）。

〔主な著書〕

『会計学の座標軸』（税務経理協会，2001年）

『原点復帰の会計学（第2版）』（税務経理協会，2002年）

『会計の役割と技法――現代会計学入門』（白桃書房，1996年）

『時価主義を考える（第3版）』（中央経済社，2002年）

『経営分析の基本的技法（第4版）』（中央経済社，1995年）

『会社を読む――会計数値が語る会社の実像』（お茶の水書房，2002年）

『財務諸表論の考え方』（税務経理協会，2001年）

『財務諸表論――合格する答案を書くトレーニング（第2版）』（税務経理協会，2002年）

『今日から使える経営分析の技法』（税務経理協会，1999年）

著者との契約により検印省略

平成14年10月30日　初版第1刷発行　**管理職のための新会計学**

著　者	田　中　　　弘	
発行者	大　坪　嘉　春	
印刷所	税経印刷株式会社	
製本所	株式会社　三森製本所	

発行所　東京都新宿区　　株式　税務経理協会
　　　　下落合2丁目5番13号　会社
郵便番号 161-0033　振替 00190-2-187408　電話(03)3953-3301(編集部)
　　　　　　　　　　FAX(03)3565-3391　　　(03)3953-3325(営業部)
　　　　　URL http://www.zeikei.co.jp/
　　　　　　乱丁・落丁の場合はお取替えいたします。

© 田中　弘 2002　　　　　　　　　　Printed in Japan

本書の内容の一部又は全部を無断で複写複製(コピー)することは,法律で認められた場合を除き,著者及び出版社の権利侵害となりますので,コピーの必要がある場合は,あらかじめ当社あて許諾を求めて下さい。

ISBN4-419-04079-3　C1063